Sheila Mysorekar

Dienstags gibt es Tantra-Sex

Sheila Mysorekar wuchs in Indien und Deutschland auf und lebt in Köln. Studium in Köln und London. Arbeit als Journalistin (Politik/ Wirtschaft), unter anderem in Jamaika und in Argentinien. Aktiv in der ISD (Initiative Schwarze Menschen in Deutschland).
Auswahl von Veröffentlichungen: Cevikkollu, Fatih & Mysorekar, Sheila (2008): Der Moslem-TÜV (Rowohlt, Hamburg) »Halt's Maul, sagt Sheherazade – Asiaten und Rassismus in Deutschland« In: ADB Köln & cyberNomads (Hg.) (2004): TheBlackBook. Deutschlands Häutungen. Frankfurt am Main: IKO. »Pass the Word and Break the Silence.« In: Boyce Davies, Carole & Molara Ogundipe-Leslie (Hg.) (1995): Moving beyond Boundaries Vol. 1: International Dimensions of Black Women's Writing. London: Pluto Press

Sheila Mysorekar

Dienstags gibt es Tantra-Sex

Politische Satiren über Rassismus, Sex und den Neandertaler

UNRAST

Bibliographische Information Der Deutschen Bibliothek
Die Deutsche Bibliothek verzeichnet diese Publikation in der
Deutschen Nationalbibliografie; detaillierte bibliographische
Daten sind im Internet über http://dnb.ddb.de abrufbar.

Sheila Mysorekar - Dienstags gibt es Tantra-Sex
1. Auflage, April 2009
ISBN 978-3-89771-488-5

© UNRAST-Verlag, Münster
Postfach 8020, 48043 Münster – Tel. (0251) 66 62 93
info@unrast-verlag.de
www.unrast-verlag.de
Mitglied in der *assoziation Linker Verlage* (aLiVe)

Umschlag: Nadja Fernandes, Grafik et cetera, Köln
Foto: smartinka/www.photocase.de
Satz: UNRAST-Verlag, Münster
Druck: Interpress, Budapest

Inhalt

Ich danke der KVB/Linie 16 dafür, mir jeden Morgen und jeden Abend einen Arbeitsplatz (plus großzügiger Wartezeiten auf dem Bahnsteig) zur Verfügung gestellt zu haben.

Ist Oliver Kahn ein Homo Sapiens?

Extrem kurze Kulturgeschichte des reinrassigen Rheinlandes

Wenn über Rassen geredet wird – so etwa, wenn Edmund Stoiber von einer »durchrassten Gesellschaft« spricht, der hessische CDU-Politiker Dr. Wagner einen »deutschenfeindlichen Rassismus« erfindet und Alexander Weiß (aha!) von der Jungen Union Hamburg eine schwarze Frau »Niggerschlampe« nennt, dann beginnt man, über Rassismus nachzudenken: Über Rassen als solche – Pudel, Dackel, Bernhardiner – und ob es diese beim Menschen überhaupt gibt. Gehören Mario Barth und Maxim Biller zu derselben biologischen Gattung? Ganz offensichtlich nicht; es muss drastische Unterschiede in der Hirnkapazität geben. Zum Überprüfen dieser Theorie ist es nützlich, einen Ausflug in die Steinzeit zu machen. Das ist einfacher, als man denkt – nämlich mit der Linie 28 von Düsseldorf Hauptbahnhof nach Mettmann, Haltestelle Neandertal.

Das Neandertal ist eine waldige Schlucht in dem kleinen rheinländischen Ort Mettmann. Niemand hätte je davon gehört, wären nicht im Jahr 1856 einige italienische Bauarbeiter (ja, Gastarbeiter gab es damals schon!) im Neandertal auf ein paar alte Knochen gestoßen, die sich als das Skelett eines Steinzeitmenschen entpuppten: der Neandertaler. Es handelt sich dabei um einen grobschlächtigen Frühmenschen, der ein paar Hunderttausend Jahre lang Europa mit der Keule regierte, also ein vorgeschichtlicher Hooligan mit dem Prototyp des Baseballschlägers. Es ist unklar, ob er überhaupt sprechen konnte. Aber das braucht man auch nicht, wenn man eine Keule hat.

Im Neandertal gibt es das Neandertalmuseum, das mit dem recht vollmundigen Spruch wirbt, die Geburtsstelle des ›berühmtesten Deutschen‹ zu sein – gewagt, wenn man bedenkt, dass auch Albert Einstein Deutscher war, Ludwig van Beethoven ebenfalls, und dieser, wie hieß er noch gleich, Adolf Hitler, war der nicht auch von hier…? Ach so, der gehört den Österreichern…bittschön, g'schenkt.

Aber zurück zum Neandertaler. Unser Vorfahre war er wohl nicht, heißt es in dem Museum, da er zu einer anderen Menschenart gehörte als der moderne Homo sapiens, von dem die heutigen Menschen›rassen‹ alle abstammen, die eben nicht unterschiedliche Rassen sind, sondern alle ein- und derselben Art angehören: Dem Homo sapiens, dem ›denkenden Menschen‹. Glück gehabt.

Im Gegensatz zum Homo sapiens war Denken nicht die Stärke des Neandertalers. Er hatte zwar eine größere Hirnmasse als der Homo sapiens, war aber nicht wirklich lernfähig. Zum Beispiel benutzte er eine Viertelmillion Jahre immer die gleichen ollen Faustkeile, keine Weiterentwicklung, gar nichts. Man kann sich schon vorstellen, wie die Diskussionen abliefen. Die Neandertälin: »Dieser Steinbrocken hier ist völlig stumpf, mach doch mal einen neuen Faustkeil, einen mit scharfer Spitze, dann spritzt es auch nicht immer so, wenn man jemandem den Kopf einschlägt« – Der Neandertaler: »Schon wieder ein neuer Faustkeil? Der alte tut's doch noch!« Wie gesagt, der Neandertaler hatte eine größere Hirnmasse als der Homo sapiens. Und beim heutigen Homo sapiens hat der Mann ein größeres Gehirn als die Frau. Man muss aber nicht unbedingt Schlussfolgerungen daraus ziehen.

Der Neandertaler hatte keine Speere, die man von Weitem – also mit sicherem Abstand – auf ein wildes Tier hätte werfen können, sondern benutzte über Hunderttausende von Jahren immer den gleichen kurzen Wurfspieß, wo man dem Mammut schon verdammt nah auf die Pelle rücken muss, bevor der Spieß sinnvoll wird und nicht nur Ballast ist beim Wegrennen. Tja, aber so war er, unser Neandertaler, ein erdverbundener, technologiescheuer Traditionalist, sozusagen der Bayer des Mittelpaläolithikums. Ist doch süß.

Wir haben es also nicht mit den Allerhellsten zu tun. Ein weiterer Beweis: Der Neandertaler war der einzige Mensch, der sich die ganze Eiszeit über in Europa aufhielt – immerhin ungefähr eine Viertelmillion Jahre. Man hätte auch problemlos ein Stückchen weiter in den Süden ziehen können, wo das Wetter besser war – in die Sahara zum Beispiel, die damals so aussah wie die Toskana heute, nur ohne Rotwein, Designerschuhe und Joschka Fischer. Aber nein, heimatverbunden, wie er war, blieb der Neandertaler in Europa.

Der Homo sapiens hingegen wanderte aus seiner Heimat Ostafrika ganz gemütlich in andere warme, freundliche Feriengebiete mit gutem Essen, erst ins restliche Afrika, dann in den Nahen Osten – der selbst mit Säbelzahntigern und Höhlenbären wahrscheinlich ein friedlicherer Ort war als heutzutage –, und weiter ging's in die Türkei. Und dann blieb er erstmal dort in der Gegend, weil es weiter nördlich zu kalt war. Kleine Erinnerung: Eiszeit! Deutschland war eine Gefriertruhe! Aber als die Gletscher langsam schmolzen – das war damals eine gute Nachricht –, da rückte der Homo sapiens gemächlich nach. Er brauchte ungefähr 10.000 Jahre von der Türkei bis nach Frankreich – und damals gab's nicht mal Staus. Er hat sich also Zeit gelassen. Aber, wie sein Name schon sagt, dieser neue Mensch aus Afrika dachte nach, hörte den Wetterbericht und sagte sich: Hey, was soll ich während der Eiszeit in Europa? Ohne Snowboard?

Der Homo sapiens trödelte also schön die Mittelmeerküste entlang und hing in den Strandbars ab, bis Europa aufgetaut war. Der Neandertaler hingegen, der erste richtige Europäer, hockte die ganze Zeit bibbernd im Schneegestöber und kam nicht im Entferntesten auf die Idee, doch ein Weilchen umzuziehen, bis das Wetter besser würde. Nein, der Neandertaler sagte sich: Hier gehöre ich hin, das ist meine Heimat, Deutschland den Deutschen – und wer sind all die illegalen Ausländer, die hierhin kommen, nur weil es grade taut?

Normalerweise wird alles, was kulturell irgendwie interessant ist, Europa einverleibt. Zum Beispiel die Wiege der westlichen Kultur, das Zweistromland, von dem eine direkte Linie gezogen wird ins antike Griechenland und ins moderne Europa. Sagt da etwa jemand: die Iraker sind die Väter der westlichen Zivilisation? Nein, das waren die alten Griechen. Die Inder und die Araber haben die moderne Algebra erfunden. Von wem hört man im Mathematikunterricht? Von den alten Griechen. Die Phönizier – also die Libanesen – und parallel dazu die Chinesen haben die Schrift erfunden. Von wem hört man? Von den alten Griechen. Mit anderen Worten: Die Europäer verleiben sich gerne die kulturellen und technologischen Errungenschaften der halben Welt ein, wenn es darum geht, irgendwo ganz oben auf der Liste zu stehen.

Aber der Neandertaler ist nun wirklich der erste reinrassige Europäer, denn diese Menschenart hat sich tatsächlich ausschließlich in Europa entwickelt und schaffte es grad mal bis nach Israel – aber auch nur, weil man damals noch zu Fuß ums Mittelmeer herum gehen konnte. Da sagt aber niemand: Die Neandertaler, unsere Vorväter! Die Ahnen Europas! Die Grundlage der europäischen Kultur!

Nein, da wird verschämt verschwiegen, wer vor dem Homo sapiens in Europa gewohnt hat, wer der Vorläufer von Dante, Dürer und Dieter Bohlen ist, denn der Neandertaler war leider saudoof, und da nimmt man sich lieber den afrikanischen Homo sapiens als Vorfahren. Weil, so heißt es, alle modernen Menschen vom Homo sapiens abstammen. Das ist unter Genetikern jedoch strittig, was in Europa aber nicht an die große Glocke gehängt wird. Gut, die Afrikaner, die Asiaten, die schwarzen Australier, und über den Umweg Beringstraße auch die amerikanischen Ureinwohner, *die* stammen mit Sicherheit alle vom Homo sapiens ab. Aber in Europa gibt es da einige Unstimmigkeiten.

Zum Beispiel: Das Gen, das für rote Haare verantwortlich ist, lässt sich mit großer Wahrscheinlichkeit auf den Neandertaler zurückführen und *nicht* auf den Homo sapiens. Nur ein Prozent der Weltbevölkerung hat rote Haare; diese Menschen haben eine Mutation auf dem Chromosom 16. Eine Mutation, die vor etwa 100.000 Jahren stattgefunden hat, aber nicht beim Homo

sapiens, sondern ratet mal, bei wem... Wahnsinn! Rothaarige –
die man nun wirklich nicht in Afrika findet –, Rothaarige sind
Neandertaler! Also nicht direkt, aber über einige Tausend Ge-
nerationen schon. Wird das groß herumposaunt? Sind die Europäer stolz darauf? Natürlich nicht, denn: Wer kommt einem
da sofort in den Sinn? Genau! Oliver Kahn! Die Physiognomie
stimmt...das Verhalten stimmt...die Gegend stimmt...es fehlt
nur noch der akademisch saubere Nachweis.

Ein Bitte an die Studenten der Paläoanthropologie und Human-
genetik: Liebe junge Wissenschaftler, nehmt euch Oliver Kahns
DNS vor. Forscht vorurteilsfrei! Der Nobelpreis ist euch sicher.
Und ihr braucht euch nicht um Oliver Kahn als Versuchstier zu
streiten; Forschungsgegenstände gibt es genug. Nehmen wir
zum Beispiel Boris Becker. Ist euch nie was aufgefallen? Rot-
blonde Haare...simple Ausdrucksweise...Fixierung auf schwarze
Frauen...richtig! Das ist der verzweifelte Versuch, sich mit dem
afrikanischstämmigen Homo sapiens zu paaren, um das Gen-
material der eigenen Nachkommen zu verbessern. Ein simpler
Instinkt, der dem Neandertaler das Überleben sicherte. Zumindest einigen seiner Chromosomen. Oder Matthias Sammer, dieser genetisch benachteiligte Sachse..., genau, auch er ist ebenfalls
ein echter Europäer, ein direkter Nachfahre dieser vierschrötig
gebauten Gesellen aus der Eiszeit! Man muss nur aufmerksam
hinschauen, dann fallen einem die Beispiele sofort ins Auge.

Dies sind jedoch nur die Restbestände dieser schlichten, stolzen
Rasse, die einst die Gletscher Mitteleuropas bevölkerte. Der Neandertaler wurde von Horden illegaler afrikanischer Immigranten schmählich verdrängt, die ihm das Mammut abjagten und
ihm so den Job wegnahmen; Einwanderer, die ohne Visum in das
nunmehr eisfreie Europa kamen und den Einheimischen den
Boden streitig machten, irgendwelche Körner darauf säten und
›Acker betreten verboten‹-Schilder aufstellten. Der Neandertaler
wurde in entlegene Ecken Europas verbannt (Ostwestfalen?) und
verhungerte schließlich in den Höhlen Gibraltars, während er ins
Mittelmeer starrte. Fischen konnte er nämlich auch nicht.

Inzwischen breitete sich dieser afrikanische Einwanderer, der Homo sapiens, schamlos aus in Europa, und – besonders perfide – wechselte nach und nach die Hautfarbe, bis er, zumindest in Europa, genauso weiß war wie sein Vorgänger. Selbst im Neandertal wohnten keine Neandertaler mehr. Nur in vereinzelten Exemplaren, deren Rotschopf über die niederrheinische Tiefebene leuchtete, waren noch Chromosomenreste des Ur-Europäers vorhanden.

Wenn man sich die heutige Bevölkerung rund ums Neandertal anschaut, also die Rheinländer im weitesten Sinne, dann bemerkt man sofort: nur die Wenigsten sind rothaarig, jedenfalls außerhalb der Karnevalssaison. Zwar färben sich viele Frauen ab 40 ihre Haare rot (wahrscheinlich eine unbewusste Rückkehr zu den Roots der Haarwurzeln, spannende Frage für Kulturanthropologen), aber tatsächlich ist der gemeine Rheinländer in der Regel nicht rothaarig, hat also keine Gene des Neandertalers, ist ergo kein echter Europäer. Aber was ist er dann? Ja, ein Homo sapiens eben, ein eingewanderter Afrikaner, so wie diese Leute, die heutzutage auf löchrigen Booten das Mittelmeer überqueren und Berlusconi auf die Nerven fallen. *Das* sind die Vorfahren der Rheinländer – ach was, die Vorfahren *aller* Deutschen! Das heißt, reinrassig europäisch ist diese Gegend seit dreißigtausend Jahren nicht mehr. Eigentlich gibt es seitdem gar keine echten Europäer mehr... eben seit dieser schweigsame rothaarige Kerl mit dem vorspringenden Unterkiefer ausgestorben ist. Vielleicht sollte das mal jemand dem Neandertalmuseum stecken. Anstatt zu behaupten, dass dort die Geburtsstätte des ›berühmtesten Deutschen‹ sei, könnten sie mit dem Spruch werben: »Hier ruht der letzte reinrassige Deutsche!«

(Nur als Fußnote: Offiziell wird ›Neandertaler‹ ohne H geschrieben, außer im Neanderthal bei Mettmann, da ist die Rechtschreibreform noch nicht angekommen. Auch nicht im Neanderthalmuseum.)

Wer hat Angst vorm Schwarzen Mann?

Also, wenn ich höre, wovor die Leute Angst haben, da krieg ich so'n Hals. Das se nen Kratzer ans Auto kriegen oder ihre Hausbank zusammenbricht oder dass ihnen Bin Laden auflauert. Also nee – Angst sollte man vorm Tod haben oder vor Leuten, die wirklich gefährlich sind, also Schwerverbrecher oder Mörder oder Politiker mit'm Finger auf'm roten Knopf.

Ich bin Experte in der Sache, ich komm nämlich aus der Branche, aus'm kriminellen Gewerbe. Und mit Angst kenn ich mich aus, also wenn man Leuten sagt »Hände hoch oder ich schieße«, dann gibt's nur ganz wenige, die dann antworten: »Die Wahl liegt ganz bei Ihnen, guter Mann – schießen Sie doch, wenn Sie möchten.« Die meisten Leute haben in so'ner Situation Angst, und das ist auch gut so, sonst könnte unsereiner ja überhaupt nicht effektiv arbeiten.

Ich komm aus der Autoknackerbranche, aber mach auch gern mal Ausflüge in fachfremde Bereiche, bewaffneter Raubüberfall und so, man sollte beruflich flexibel bleiben. Ich hab sogar eine eigene Bande zusammen mit meinem Kumpel Jupp – ich nenn das ›die Firma‹. Da kann man schon stolz drauf sein. Hab ich mich eigentlich schon vorgestellt? Ich bin der Hans-Werner, aber in unserer Branche heiß ich ›der Harvey‹. Steht sogar auf'm Steckbrief.

So im Laufe meines Berufslebens, da hab ich schon verschiedene Arten von Angst erlebt. Zum Beispiel, wenn ich durch nen Tunnel in den Tresorraum von ner Bank robbe, dann denk ich immer, gleich bleib ich stecken, und ich schwör mir, nie wieder ein Kölsch zu trinken, denn in meinem Job ist ein Bierbauch geschäftsschädigend. Naja, sobald ich wieder draußen bin, trinke ich natürlich wieder Kölsch. Oder wenn der FC spielt, dann hab ich jedes Mal einen tierischen Bammel, dass wir verlieren, manchmal kann ich gar nicht hingucken, wenn der Gegner in unserem Strafraum ist. *Das* ist echte Angst.

Aber manchmal hört man Sachen…Also neulich, da treff ich meinen Kumpel, der John aus Afrika. Ja, ich weiß schon, der John hört dat nicht gerne, wenn ich sag ›John aus Afrika‹. Sagt der John jedes Mal: »Afrika ist ein Kontinent und kein Land, du Depp! Du sagst ja auch nicht: ›Ich bin der Harvey aus Europa!‹« – »Nee, natürlich nicht«, sag ich dann, »ich bin ja aus Köln!« Da verdreht der John nur die Augen. Jedenfalls kommt der aus Sierra Leone. Das ist ein Land in Afrika, weil Afrika ist nämlich ein Kontinent.

Wo war ich stehen geblieben? Ach ja, treff ich den John neulich und da erzählt er mir, wie er umziehen wollte, und wie er sich eine neue Wohnung ankuckte, da meinte der Vermieter, er will keine Ausländer bei sich im Haus haben, und schon gar keine Neger, dann hätte er ruckzuck das ganze Haus voll Drogenhandel. Also, dat is ja ne Frechheit, sag ich zum John, erstmal wegen Neger-sagen und dann wegen der Wohnung, soll ich mal mit dem Jupp hingehen und dem Typ die Fresse polieren? Nee, sagt der John, vielen Dank, aber das würde ja auch nicht helfen, das wäre ja überall so. Wat!?! sag ich. Und da fängt der John an zu erzählen: Dat die Leute immer blöd glotzen, wenn se nen Schwarzen sehen, also die weißen Leute, meint er damit. Zum Beispiel, wenn er irgendwo ins Geschäft reinkäme, dann kuckt ihm die Verkäuferin die ganze Zeit auf die Finger, ob er nichts mitgehen lässt. Oder wenn er in nen vollen Aufzug reingeht, dann halten die Frauen sofort ihre Handtaschen fest.

Jetzt muss man wissen, der John ist gar kein Kollege von mir! Der ist gar kein Verbrecher, nicht mal ein popeliger Taschendieb, sondern er ist Anstreicher. Der hat noch kein einziges Verbrechen begangen in seinem ganzen Leben! Ich kenn den, der hat wahrscheinlich nicht mal in der Schule gepfuscht. Und nur weil der schwarz ist, da machen die Leute nen Bogen um den? Also, da krieg ich so'n Hals. Dat is mir noch nie passiert, dass die Leute Angst vor mir haben, *bevor* ich die Knarre rausziehe. Normalerweise sagen die Mütter zu ihren Kindern: »Sag dem lieben Onkel guten Tag«. Da muss ich erst »Hände hoch« brüllen und in die Luft schießen, bevor da mal einer zu zittern anfängt. Aber die Leute haben tatsächlich Angst vor dem John, nur weil er schwarz ist!? Wat soll der Quatsch? *Ich* bin der Verbrecher! Da racker ich mich ab, Jahr für Jahr, Raubüberfall, Einbruch, auch mal schwere Körperverletzung, ja und dann gilt dat alles nich?! Keiner hat Angst vor mir! Nur weil ich ein Weißer bin oder wat? Also dat is so was von ungerecht, da krieg ich so'n Hals! Da würde ich am liebsten alles hinschmeißen, ich hab echt keinen Bock mehr, macht eure Raubüberfälle doch alleine.

Unsere Politiker sind auch nicht besser, da hört man immer nur ›Ausländer, Ausländer‹, die unsere Sicherheit bedrohen und unsere deutsche Wirtschaft belasten und unsere deutschen Kinder erschrecken, so als müsste man vor unsereins keine Angst haben! Wozu bin ich denn Verbrecher geworden? Ich will, dass die Leute Angst vor mir haben...und Respekt ...und mir freiwillig ihr Geld und ihr Auto geben, ohne dass ich erst schießen muss, dat mach ich nich gerne, da könnt ja einer verletzt werden. Aber stattdessen haben se Angst vorm John, nur weil er schwarz ist. Wo sind wir denn hier, im Kindergarten? Spielen wir ›Wer hat Angst vorm Schwarzen Mann‹? Da lach ich mich doch kapott!
Aber wissen Se, warum die Politiker gern die Leute erschrecken? Dann lassen die sich nämlich besser regieren. Da können die Bullen überall Wanzen einbauen und alles mit Kameras filmen, und die Leute sagen, jaja, ist zu unsrer aller Sicherheit. Da sag ich Ihnen als Fachmann aus der kriminellen Branche: Nee, isset nich! Dat is nur gut für die Politiker zum Regieren.
Da gibt's noch was, wat mir echt stinkt. Also, ich bin schon lang verheiratet, und meine Anni ist die beste Frau, die ich mir wünschen könnte. Die ist ne Eins-A-Scheckbetrügerin, und ne

richtig gute Mutter für unseren Sohnemann. Und wenn ich mal im Knast sitze, kommt se jede Woche vorbei, ob's regnet oder schneit, besticht die Bullen und regelt alle meine Geschäfte, solang ich einsitze. Also, ich würd nie ne andere Frau wollen als meine Anni.

Aber ich kann mich noch gut erinnern, wie ich 'n Singel war, wie das heut so heißt, und ehrlich gesagt, ich schau mich immer noch gern nach hübschen Mädchen um. Und ich mach noch ne gute Figur, all die Jahre Training für Einbrüche, wenn man über Dächer klettern muss und Tunnel in den Banktresor graben, dat hält fit. Also, eigentlich könnt ich auch junge Mädels noch beeindrucken mit meinen Muskeln. Aber wenn ich mit dem John mal auffe Rolle bin, da kuckt mich keine an, da denken alle Frauen nur, mein Kumpel wollt sie aufreißen, und weg sind se alle. Ich komm nicht mal dazu, eine auf'n Kölsch einzuladen. Und warum? Weil se Angst vor dem John haben! Dabei hat's der John so mit Religion, und dass er seine Freundin nicht betrügen soll, von wegen kein anständiges Verhalten und Frauen müssen respektiert werden und all so wat; also, ich kenn den schon lange, der kuckt sich keine Frau von nahem an. Außer seiner Freundin natürlich. Aber trotzdem, wenn wir mal inner Kneipe sind, dann gibt's jedes Mal ne Tusse, also ne weiße Tusse, die behauptet, er hätt se anjegraben, oder frech angeglotzt, oder betatscht. Dat is glatt gelogen, ich bin ja Zeuge, also, da krieg ich so'n Hals! Aber alle sind sich da einig, dat so'n Afrikaner nix anderes im Kopp hat als wie Frauen ins Bett zu kriegen.

Hab ich sogar mal im Fernsehen gesehen, da war so'ne Adlige, Fürstin Gloria hieß die, da sagt die doch glatt: »Der Schwarze schnackselt gerne«, und das deswegen die Leute in Afrika an Aids sterben täten. Wat soll der Quatsch? Erstens mal schnacksel – also vögel – ich auch gerne, da können Se die Anni fragen, die weiß dat, und zweitens kriegt man kein Aids vom Vögeln, sondern vom Ohne-Tüte-Vögeln, aber da war diese Fürstin wohl zu doof, um das zu wissen. Keine Ahnung, warum die im Fernsehen auftreten durfte. Ich glaube, weil alle wat zu Afrika kamellen dürfen, wie se wollen, und nie wird ein Schwarzer inne Talkshow eingeladen, der den Quatsch dann korrigieren könnte.

Also, ich finde, mit der Angst hier im Lande stimmt wat nicht. Anders als in Übersee sind die Leute hier richtige Gefahr nicht gewöhnt, also Vulkanausbruch, Tsunami, Präsident Bush. Deswegen lassen die sich von Politikern Angst einjagen, vor Ausländern, erst recht vor Schwarzen, vor Aids, vor Terroranschlägen, und dann kriegt es der John zu spüren. Aber ich, vor dem die Leute nun wirklich Angst haben sollten, denn ich geh an ihr Portemonnaie – noch mehr als das Finanzamt –, ja vor mir haben se dann keine Angst. Also, ich sag Ihnen: dat is doch kriminell.

Anmerkung:
Fürstin Gloria zu Thurn und Taxis: »Afrika hat Probleme nicht wegen fehlender Verhütung. Da sterben Leute an AIDS, weil sie zuviel schnackseln. Der Schwarze schnackselt gerne.«
(Aus der Talkshow *Friedman* vom 9.Mai 2001)

Blondinenterror

Sie wollen die Weltherrschaft.

Sie tarnen sich geschickt. Als unschuldig kommen sie daher, als naiv, jedoch geschickt gepaart mit dem Versprechen von Sex, was in der Regel selbst die scharfsichtigsten Beobachter plötzlich -5 Dioptrien benötigen lässt. Dabei ist der Sachverhalt klar wie eine Steuererklärung. Hier, urteilen Sie selbst: Marilyn Monroe. Paris Hilton. Scarlett Johansson. Britney Spears. Gwen Stefani. Madonna. Pamela Anderson. Claudia Schiffer. Heidi Klum.

Ja, glauben Sie etwa, das ist Zufall? Die meisten berühmten Frauen aus Film, Fernsehen und Frauenzeitschriften sind zufällig alle Blondinen, *einfach so*? Der Weltgeschmack der Haarfarbe geht eben nun mal ins Ausgebleichte? Melaninfreie Locken symbolisieren Sex? Völlig grotesk. Nach Jahrtausenden von Kleopatras, Helenas und Nofretetes, von dunkelhaarigen Schönheiten mit brauner Haut, so begehrenswert, dass für sie Kleinigkeiten wie der Trojanische Krieg angezettelt wird – da kippt innerhalb eines Jahrhunderts in der westlichen Welt der Frauengeschmack plötzlich ins Ausgebleichte. Zack. Einfach so.

Niemand stellt eine Frage, keiner sieht die geopolitischen Zusammenhänge; die Europäer – und nach und nach die restliche Welt – nehmen teilnahmslos zur Kenntnis, dass Blondinen nun eben als die Krone der Schöpfung gelten.

Aber jetzt ist die Stunde der Wahrheit gekommen. Dafür gibt es investigativen Journalismus. Alte Kriminalfälle werden nie zu den Akten gelegt; hartnäckige Reporter bleiben dran, bis die Sache definitiv aufgeklärt ist.

Schauen wir uns mal der Zeitpunkt der ersten Blondierung der weiblichen Welt an: Er fällt zusammen mit dem Beginn der industriellen Revolution – kein Zufall. Nicht nur Stoffe und

Werkzeuge werden seitdem maschinell hergestellt, auch viele Dinge, die früher von Hand zuhause, in der Familie, verrichtet wurden, sind nunmehr Sache des Dienstleistungsgewerbes. Die Herstellung von Kleidung zum Beispiel, das Backen von Brot und – das Schneiden der Haare! Genau! Der Beginn der Manufakturproduktion im England des 19. Jahrhundert ist auch der Beginn des kommerziellen Frisörgewerbes, bis dato völlig unbekannt. Bestenfalls zur Zeit des Sonnenkönigs in Frankreich wurden gepuderte Perücken von Fachleuten hergestellt, aber die Masse der Menschen trug dieselbe Udo-Lindenberg-Frisur, wie sie schon in der Steinzeit Mode war.

Früher waren Frisöre zugleich Haarschneider, Bader und Barbier, mit anderen Worten, menschliche Rasierapparate. Seit dem 14. Jahrhundert bildeten die Bader – so genannt, weil sie meist eine Badestube betrieben – eine Zunft. Diese Hühneraugenschneider waren also alles andere als glamourös. Aber sie warteten nur auf ihre Chance. Und die bot sich, als 1818 der französische Chemiker Thénard zum ersten Mal Wasserstoffperoxyd herstellte, nicht ahnend, dass dies als Haarbleichmittel verwendet und die Welt nachhaltig verändern würde. 1867 wurde die erste Blondierung von einem englischen Apotheker und einem französischen Coiffeur auf der Pariser Weltausstellung vorgestellt. Seitdem ist die Haarfarbenaufhellung mit Wasserstoffperoxyd möglich: Ammoniak auf die Haare, anschließend Wasserstoffperoxyd drauf, und voilà, man hat eine Blondine!

Schnell erkannten die perfiden Figaros, dass sie mit dieser Erfindung nur Geld machen konnten, wenn sie Blondinen als ›besonders schön‹ verkauften. Konsequenterweise gründeten sie im Jahr 1925 die *Internationalen Gesellschaft der Damencoiffeure*, eine Tarnorganisation, nichts anderes als eine internationale Verschwörung von Frisören, mit dem Fernziel, tonnenweise Blondierungen zu verkaufen.

Sie gingen systematisch daran, die westliche Kultur zu unterwandern. Von der Oper *Hochzeit des Figaro* bis zu Schlagern wie

Siebzehn Jahr, blondes Haar wurde den nichtsahnenden Europäern suggeriert, dass Frisöre wichtig und Blondinen schön seien, beides Sachverhalte, die in der vorindustriellen Zeit unbekannt waren.

Ein neuer Berufszweig für Frauen wurde geschaffen, nämlich ›dummes Blondchen‹. Weibliche Dummheit war früher an bestimmte Berufe gekoppelt (›Milchmädchenrechnung‹, ›Bauerntrampel‹), aber mit dem Vormarsch der Frisörverschwörung tritt auf einmal bei dem Intelligenzkalkül die Haarfarbe in den Vordergrund. Frauen müssen nicht einmal mehr einen Beruf haben, um dort ihre Dummheit unter Beweis zu stellen, es reicht, dass sie sich blöd anstellen, und blond müssen sie natürlich sein. Falls eine Brünette diese Karriere anstrebt, muss sie sich entweder die Haare bleichen oder anderweitig so tun, als wäre sie blond, zum Beispiel ihre Dummheit dreist in den Vordergrund stellen; man denke nur an Verona (›Feldbusch‹) Pooths berühmten Ausspruch: »Ich bin die dunkelhaarigste Blondine der Welt«. Dummsein allein reichte nicht, sie musste sozusagen verbal den geistigen Bezug zum Blondsein herstellen. Hier versucht eine Brünette, mit aller Gewalt teilzuhaben an dem geheimen Projekt einer melaninfreien Weltherrschaft.

Nicht mal die Politik ist blondinenfreier Raum, im Gegenteil, auch dort sind sie auf dem Vormarsch. Es fängt ganz harmlos an, mit Journalistinnen zum Beispiel, eine Sabine Christiansen hier, eine Marietta Slomka da, und ehe man sich's versieht, ist Anne Will blondiert, damit sie überhaupt auf der Mattscheibe bleiben darf.

Und wenn man sich dann Politikerinnen anguckt, also die wenigen, die es überhaupt bis ganz oben geschafft haben und von denen man mit einiger Sicherheit annehmen kann, dass sie sich nicht nach oben geschlafen haben, Margaret Thatcher oder Angela Merkel beispielsweise, da hat man's wieder: Blondinen! Und wo hier und da in westlichen Ländern eine als Ministerin unterwegs ist, früher Marguerite Albright, Renate

Künast, oder heutzutage Zipi Livni, da kann man nur sagen, auch auf Ministerialebene unterwandern sie die Politik, im Mittelbau ebenfalls, und bei Sekretärinnen ist es sowieso Einstellungskriterium.

Nur in Ländern, wo die Frisörmafia nicht ohne Weiteres Blondinen auftreiben kann, ohne dass es auffällt, da hat man schon mal Präsidentinnen, die schwarzhaarig sind, Indira Gandhi in Indien zum Beispiel oder momentan Cristina Fernández in Argentinien und Gloria Arroyo auf den Philippinen.

Trotzdem, gerade in der Politik hat die Frisörlobby überall ihre Agenten sitzen, hoch bezahlte Lobbyisten, die rundliche, naturblonde Physikerinnen aus kleinen Orten in der DDR zu Kanzlerinnen machen. Es ist doch auffällig, dass eine Figur wie Udo Waltz tatsächlich landesweit bekannt ist. Und warum? Nun, er ist Frisör der Kanzlerin, denkt der vertrauensselige Bürger. In Wahrheit ist es umgekehrt: Sie ist die Kanzlerin dieses Frisörs! *Er* hat diese Politikerin zum dem gemacht, was sie ist. Er ist der Frisör, der hinter dem Kanzleramt steht, er bedient die Schalthebel der Macht, so wie andere Frisöre Moderatorinnen oder Schauspielerinnen an entscheidende Stellen heben. Selbst unter politisch aktiven Menschen ist es noch nicht wirklich angekommen, wie viel Einfluss Frisöre nicht nur auf unsere Ästhetik, sondern auf unsere Gesellschaft haben, und das alles nur, weil sie ›Blond Extrem-Aufheller mit extra Strahlkraft‹ verkaufen wollen!

Allein für Blondierprodukte wurden im letzten Jahr in Deutschland ungefähr 42 Millionen Euro ausgegeben. 42 Millionen Euro! In einem einzigen Jahr! Nur in Deutschland! Wenn man dies auf die Welt hochrechnet, dann werden die gigantischen Dimensionen dieser Verschwörung langsam klar. Und Schäuble macht sich Sorgen wegen al-Qaida.

Wie eine Krake streckt die Frisörinnung ihre klebrigen Tentakeln nach der Welt aus, gießt Bleichmittel über die Köpfe von unschuldigen Brünetten, korrumpiert den visuellen Geschmack junger Männer, bis sie auf der Straße wie hypnotisiert Blondinen hinterherdackeln, sabbernd, mit offen stehendem Mund. Ein trauriger Anblick. Das Ende vom Lied: Schwerreich geworden, heiraten sie mit 90 Jahren Anna Nicole Smith und sind fest davon überzeugt, die Liebe ihres Lebens gefunden zu haben. Zumindest die Liebe ihres Lebensendes. Und anstatt ihre wohlverdienten Millionen einzustecken, musste die verwitwete Blondine auch noch mit den Erben um den Nachlass prozessieren, aber sie brauchte dringend das Geld. Die Frisörmafia will schließlich ihren Anteil ausbezahlt haben. Sehr verdächtig übrigens, dass Anna Nicole Smith mit 39 Jahren überraschend starb, ohne das Erbe bekommen zu haben. Es ist nicht mehr zu leugnen: Frisöre haben ihre Finger überall. Man geht ganz naiv in einen Salon, bittet um eine Dauerwelle, und wenn man rauskommt, ist man tot. Mordwaffe: Goldglitter-Haarspray. Ganz grausame Todesart. Das darf selbst in Texas nicht mehr zur Hinrichtung benutzt werden.

Sollte jemand nun in Panik geraten und eine blondinenfreie Zuflucht suchen: Zu spät. Sie sind überall. Die letzte unblondierte Schwarzhaarige war Schneewittchen, und das ist schon eine Weile her. Der ultimative Beweis: Alice Schwarzer! Selbst die Vorzeige-Feministin Deutschlands ist eine Blondine! Sehen Sie, wie weit der Masterplan der Weltherrschaft schon vorangeschritten ist? Es gibt kein Entrinnen mehr. Auch Sie werden Strähnchen färben. Platin Highlights Intensivcolor. Der Blondinenterror hat gesiegt.

Der Pornograph als Geograph

In den Augen des durchschnittlichen Hans Weißwurst gibt es eine Menge unterschiedlicher Frauen: Hausmütterchen, Asi-Schlampen, nette Mädchen, männerhassende Lesben, Nutten, Schwiegermütter, Pamela Anderson, intellektuelle Mannweiber, Ökotussen, die Bundeskanzlerin; also man sieht, die Auswahl ist recht groß. Eine Frau hat durchaus die Möglichkeit, sich für eine der vielen Rollen zu entscheiden, und zwischen Asi-Schlampe, Ökotusse und Bundeskanzlerin besteht eine große Bandbreite der persönlichen Ausdrucksformen.

Das alles gilt natürlich nur für weiße Frauen. Schwarze – also afro/asiatisch/latina – Frauen sieht Hans Weißwurst ganz simpel. Er kennt die Vorzüge und Nachteile jeder Rasse, und Frauen sind sowieso sein Hobby.

Fangen wir mal an mit Latinas. Die sind total angesagt, Brasilianerinnen zum Beispiel. Sie können tanzen, sie sehen klasse aus, sie haben Temperament, aber eigentlich zuviel davon. Also, Latinas sind zwar Biester, aber dafür cool.

Afrikanerinnen sind etwas ganz anderes. Sie fühlen sich anders an, die Haut sowieso, aber auch die Muskeln. Sie sind einfach zu handhaben; sie sind schlicht froh, wenn sie mit einem Europäer ins Bett gehen, denn so was haben sie in Afrika noch nicht erlebt. Deswegen machen Afrikanerinnen gerne alles mit.

Das Beste aber sind Asiatinnen. Thaimädchen zum Beispiel, die haben alles, was ein Mann braucht, hübsch, willig, widersprechen nie, und sie sind kompetent im Haushalt, vor allem gut, wenn man nicht kochen kann.

Bei türkischen Frauen legt Hans Weißwurst eine weitere Kategorie an, nämlich die Bestimmung des tertiären Geschlechtsmerkmals: mit oder ohne Kopftuch.

Wem das übertrieben vorkommt, sollte sich mal zu einem Frauen-Fachgespräch mit jedem beliebigen Hans Weißwurst treffen, in der Kneipe, im Fußballverein oder bei der Vorstandssitzung. Er wird Ihnen alles bestätigen. Vor allem, wenn Sie ein weißer Mann sind.

Da beginnt man – oder frau – doch zu überlegen, woher all die Hans Weißwürste diese unumstößlichen Wahrheiten eigentlich her haben. Zugegeben, das Fernsehen spielt eine unrühmliche Rolle, denn schwarze – afro/asiatisch/latina – Frauen treten entweder als ausgebeutete Zwangsprostituierte oder kopftuchtragende Matriarchin auf; das gilt für den *Tatort* ebenso wie für die *Tagesschau*. Aber bezüglich des sexuellen Verhaltens oder sexueller Vorzüge schwarzer Frauen äußern sich die Vorabendserien eher nicht. Woher kommt also der Mythos der ›heißen Mulattin‹ und der ›willigen Asiatin‹?

Vielleicht aus Pornos? Das liegt nahe. Also los zur Feldstudie, in eine beliebige Videothek in einer beliebigen deutschen Großstadt, da braucht man nicht einmal zum, ähm, Fachhandel zu gehen.
Pornofilme sind in den Regalen ordentlich nach Vorlieben des Kunden geordnet, wobei die sexuellen Präferenzen manchmal durchaus überraschend sind: Gangbangs, dicke Frauen – okay, aber Omas… *Omas??* Na ja, schön zu wissen, dass es für Pornofilmdarstellerinnen keine Altersobergrenze gibt. Da kann man sich zur Rente was dazuverdienen.
Und man findet natürlich Filme, die nach der ethnischen Herkunft der Darstellerinnen benannt sind, übrigens keine deutschen Filme, sondern kalifornische Produktionen neueren Datums, anscheinend typische San-Fernando-Valley-Pornoproduktionen. Die Titel sind unmissverständlich bestimmten Ländern oder Regionen oder Hautfarben zugeordnet. Hans Weißwurst kann sich also ganz gezielt informieren.

Zum Beispiel über die *Latina Anal Heartbreakers*. In diesem Film ohne jegliche Rahmenhandlung werden fünf oder sechs Latina-

Frauen – braune Haut, lange schwarze Haare ...tja, ›vorgestellt‹ ist vielleicht das falsche Wort, also, beim Sex mit verschiedenen Männern gefilmt, die anscheinend weiße Nordamerikaner sind. Die Frauen hingegen sprechen ein Gemisch aus Englisch und Spanisch mit mexikanischem Akzent, allerdings geht die Konversation über »Fuck me« oder – während des Blowjobs – »Mmm, que sabroso« (Mmm, wie lecker) nicht hinaus. Aber das Latino-Ambiente ist damit gegeben, auch durch die Latin-Musik, die im Hintergrund läuft. Das Überraschendste ist eigentlich, dass einige Frauen als eine Art Frida Kahlo verkleidet sind, mit mexikanischen Baumwollblusen, Blumen im Haar und großen Ohrringen. Vielleicht für den kunstinteressierten Hans Weißwurst.

Tight Indian Pussy 3 klärt den geografisch interessierten Pornografie-Konsumenten über den indischen Subkontinent auf. Die Frauen in diesem Film sind – bevor sie sich ausziehen, was in den ersten 90 Sekunden passiert – verschleiert und tragen eine Art Bauchtanz-Kostüm. Beim Ausziehen legen sie den Schleier als Erstes ab, als Teil des Striptease sozusagen. Die Frauen sehen vage arabisch, vielleicht auch indisch, oder aber nach Latina aus, also deutliche Minuspunkte für korrekte Darstellung eines Landes. Man ist froh, *Tight Indian Pussy 1* und *2* verpasst zu haben.

Eine Variation sind jene Filme, deren Titel auf andere, ›normale‹ Filme anspielen. Zum Beispiel *Nightmare on Black Street*, eine Anspielung auf die Horrorfilm-Reihe *Nightmare on Elm Street*. Wer jetzt ein rassistisches Horrorszenario erwartet hat, wird enttäuscht (oder angenehm überrascht, was weiß ich, was Sie erwartet haben). Zwei junge weiße Frauen, dem Akzent nach Russinnen, haben einfach Sex mit sechs schwarzen Männern. Am Ende küssen sich die beiden Frauen, glücklich lächelnd, mit spermabespritzten Gesichtern, also eigentlich kein Horrorfilmszenario, außer wenn man so was eklig findet. Ein Bezug zum Titel oder zum Originalfilm existiert nicht. Eine Enttäuschung für die Liebhaber des gepflegten Horrorfilms, und, möchte ich hinzufügen, eine absichtliche Täuschung des Konsumenten. Hier wird offensichtlich nicht das geboten, was der Titel vermuten lässt – ein klarer Fall für den Verbraucherschutz.

Hans Weißwurst nimmt von diesen Filmen die Aussage mit, dass es allen Frauen – egal welcher Hautfarbe – große Freude macht, mit mehreren Männern gleichzeitig vaginal, anal und oral Sex zu haben. Aber das hatte sich Hans Weißwurst ohnehin schon gedacht.

Ein einziger Film hatte tatsächlich eine Rahmenhandlung. Er hieß *Secrets of the Harem*, und die recht durchdachte Story basierte auf dem Schema ›1001 Nacht‹.

Er beginnt mit einer pseudoarabischen Musik, die aber mit Stöhnen unterlegt ist; wir sehen schließlich einen Porno. Der Sultan ist ein junger, arabisch aussehender Mann mit weißem Turban, Bart und Gebetskette (!), ein eher überraschendes Accessoire in einem Pornofilm, trägt aber sicher zur Authentizität der Szenerie bei. Die vier Frauen seines Harems sind Weiße, Araberinnen und Latinas, alle in einer Art Bikinis aus Goldmünzen. Der Sultan ist bezüglich der Haarfarbe offensichtlich nicht wählerisch. Die Szenerie: Aus indischen Decken gebautes Zelt, darin stehen marokkanische Tischchen, Teller mit exotischen Früchten, Wasserpfeifen und eine Topfpalme. (Letztere, dem Topf nach zu urteilen, offensichtlich aus dem Wohnzimmer des Produzenten gemopst.)

Die Rahmenhandlung kommt in Gang, als schwarz gekleidete, europäische Sicherheitsleute einen Sack mit einem Papagei bringen, der angeblich in der Schatzkammer gefangen wurde. Der Sultan sagt, er solle getötet werden. Daraufhin der Papagei: »Nehmt eure Pfoten weg, ihr brecht die Genfer Konvention!«, was ich für eine großartige Antwort halte, vor allem für einen sprechenden Papageien in einem Pornofilm. Der Papagei besteht darauf, eine faire Verhandlung zu bekommen, und be-

ginnt, dem Sultan Geschichten zu erzählen, als eine Art Stoff-tier-Sheherazade. Soweit die 1001-Nacht-Rahmenhandlung.
Die ›Geschichten‹ sind kleine pornografische Szenarien, offen-sichtlich alle in Kalifornien gedreht, die jeweils mit einem Witz enden. Zwischen jeder Geschichte gibt es eine Einblendung vom Sultan im Zelt, der laut lacht, dabei Sex hat und sich gleichzeitig mit dem Papagei unterhält. Der Genfer Konvention wird anscheinend respektiert.

Erste Auswertung dieser zugegebenermaßen nicht sehr ausge-dehnten Feldstudie: Pornografen sind unglaublich schlecht in Erdkunde. Indische Huren mit Gesichtsschleier, Blondinen als Haremsdamen, Sheherazade als Papagei, also wirklich! Ein weiterer Beweis für den Bildungsnotstand in diesem Land, und übrigens auch in den USA, wo die meisten dieser Filme herkommen. Man kann Hans Weißwurst überhaupt nicht vor-werfen, mit seinem Bild von schwarzen Frauen durcheinander zu kommen; die Hauptquelle seiner Informationen über exotische Frauen ist unpräzise und irreführend. Aber er hat dennoch etwas dazugelernt: Hans Weißwurst kennt nun die Genfer Konvention.

Im Bett mit Hans Weißwurst

Sehr geehrter Herr Weißwurst!

Wir haben Ihren Brief erhalten und sind überrascht von Ihrer Ankündigung, rechtliche Schritte gegen unsere Firma einzuleiten. Da Sie jedoch seit vielen Jahren ein treuer Kunde unseres Instituts sind, möchten wir im Folgenden versuchen, die entstandenen Missverständnisse zu klären und zu einer harmonischen Geschäftsbeziehung zurückzufinden.

Zu Recht sagen Sie in Ihrem Brief, dass niemand »jahrelang« Kunde bei einem Partnervermittlungsinstitut sein sollte, denn das bedeute, dass dieses Unternehmen seine Aufgabe nicht erfülle. Im Prinzip pflichten wir Ihnen bei. Wir sind jedoch stolz darauf, dass wir eine Heiratsrate von 63 Prozent im ersten Vermittlungsjahr vorweisen können. Das ist eine bessere Quote als auf einem Kreuzfahrtschiff! Mit anderen Worten, wir sind ein sehr erfolgreiches Eheanbahnungsinstitut.

Nun zu Ihrem Fall. Ihre Beschwerde, dass Sie in den vierzehn Jahren, in denen wir Sie vertreten, keine Ehefrau gefunden hätten, und Sie deshalb das gezahlte Geld zurückfordern, hat uns doch sehr verwundert. Vielleicht haben Sie nie die Rechnung aufgestellt, aber aus den Unterlagen unserer Buchhaltung geht hervor, dass Sie in den Jahren unserer Geschäftbeziehung 186 (in Worten: einhundertsechsundachtzig!) Frauen vermittelt bekommen haben. Keine einzige war zu Ihrer Zufriedenheit; ein Umstand, den Sie unserem Institut anlasten. Dagegen möchten wir uns verwahren.

Das Problem, lieber Herr Weißwurst, liegt unseres Erachtens vielmehr in Ihren besonderen Wünschen begründet. Jeder Kunde kann bei uns selbstverständlich seine Vorlieben angeben, Haarfarbe, Figur, Alter usw.; keiner ist verpflichtet, eine

Frau gegen seinen persönlichen Geschmack zu nehmen. Wir versuchen unser Bestes, um jede Bestellung aufs Genaueste zu erfüllen. Aber ihre Anforderungen sind etwas zu eng gefasst, um nicht zu sagen, unflexibel.

In dem Formular, das Sie – vor nunmehr vierzehn Jahren – für uns ausgefüllt haben, bezeichnen Sie sich als »Frauenkenner alter Schule«, »Mann von Stil«, »erstklassiger Liebhaber«, »Gentleman mit Niveau«. Letzteres können wir, nebenbei gesagt, nach Ihrem letzten Brief nicht bestätigen. Des Weiteren haben Sie im Formular Ihre Wunschliste angegeben, die ungewöhnlich lang und spezifisch ausgefallen ist. Dennoch haben wir uns bemüht, Ihre Wünsche zu erfüllen, haben Ihnen jedes Vierteljahr einen neuen Katalog geschickt, aus welchem Sie sich Ihre Wunschkandidatinnen aussuchen konnten, und Sie darüber hinaus mehrfach persönlich beraten. Als Versandservice für exotische Frauen sind wir stolz auf unsere Exklusivität und die Vielfalt unserer Produktpalette, die jedes Jahr noch um einige Länder erweitert wird.

Wir sind uns jedoch bewusst, dass es trotz alledem vorkommen kann, dass man nicht zufrieden ist, wenn die gewünschte Frau vor einem steht; Fotos können manchmal irreführend sein. Deswegen haben unsere Kunden sechs Wochen Rückgabefrist, bei voller Erstattung des gezahlten Preises. Auch Sie haben in einem solchen Fall völlig unbürokratisch Schadensersatz von uns bekommen. Wir zitieren aus Ihrem Brief vom 5.10.:

»Zwei Wochen nach Ankunft der bestellten Frau habe ich in ihren Pass geguckt – eigentlich nur, um zu sehen, wie ihr Name genau lautete –, und da sah ich ihr Geburtsdatum: Die Tusse ist schon 45 Jahre alt! Sie haben mir eine alte Schachtel geschickt, obwohl im Katalog ganz klar stand, ›zwischen 18 und 28‹! Ich hatte das nur nicht gemerkt, weil sie eben aussieht wie alle Thaimädchen und auch eine gute Figur hat. Ich finde allerdings, dass ein Produkt das halten sollte, was bei dem Kauf angekündigt wird. Ich nehme ja auch keinen gebrauchten Fernseher, wenn ich einen neuen bezahlt habe!«

Lieber Herr Weißwurst, wie Sie sich erinnern werden, haben wir besagte Dame anstandslos zurückgenommen, uns entschuldigt und Ihnen das Geld zurückgezahlt. Leider sind unsere thailändischen Geschäftspartner manchmal nicht so genau bei diesen Dingen, und Thaimädchen sehen eigentlich immer jung aus, so problematisch ist das Alter für die meisten Kunden also nicht. Trotzdem haben wir Ihnen binnen einer Woche Ersatz geschickt.

Die nächste Frau (die übrigens 22 Jahre alt war) haben Sie nach drei Tagen zurückgeschickt, weil sie nicht kochen konnte. Die nächste, weil sie Ihrer Ansicht nach »nicht niedlich wie ein richtiges Thaimädchen« war (obwohl sie aus Thailand stammte). Die Frau danach, weil sie – wir zitieren aus Ihrem Beschwerdebrief – »nicht gut im Bett war, jedenfalls nicht für einen Frauenexperten wie mich«.

Wir lassen dahingestellt, ob Ihre Eigencharakterisierung zutrifft oder nicht. Wir verpflichten uns, dem Kunden das Gewünschte zu liefern. Der Haken liegt – unsere Ansicht nach – in Ihren übertriebenen Ansprüchen: Sie verlangen exotische Frauen, aber dann sind Ihnen die Latinas nicht temperamentvoll genug, die Asiatinnen zu vorlaut oder die Afrikanerinnen zu gebildet. Möglicherweise liegt das an Ihren Erwartungen. So etwa bestehen Sie darauf, dass die Afrikanerinnen Kurven haben, die Latinas (wir zitieren aus Ihrem Brief) »eine Granate im Bett« und Asiatinnen still und zurückhaltend sind. Wir berücksichtigen dies bei unseren Bestellungen, aber es gibt auch Ausnahmen von der Regel, und trotzdem sind diese Frauen nachgewiesenermaßen reinrassige Afrikanerinnen bzw. Asiatinnen. Vielleicht ist Ihnen das bisher nicht klar gewesen, aber auch exotische Frauen sind mitunter ganz unterschiedlich, nicht nur anders als wir, sondern auch untereinander.

Außerdem können Sie uns nicht für Ihre persönlichen Unzulänglichkeiten haftbar machen. Es ist absurd, dass Sie sich bei uns darüber beschweren, dass eine Ihnen gelieferte Vietnamesin Ihre Fähigkeiten als Liebhaber kritisierte. Wir haben unsere

Rechtsabteilung konsultiert, die den Sachverhalt geprüft und uns mitgeteilt hat, dass Ihnen aus dieser Aussage keinerlei Anspruch auf Schadensersatz erwächst. Vielmehr handelt es sich um eine rein private Situation, die Sie mit der betreffenden Frau hätten klären müssen – was natürlich nicht möglich ist, wenn Sie sie nachts um zwei mit ihrem Koffer vor unserer Bürotür absetzen.

Ähnlich verhält es sich mit den anderen von Ihnen aufgeführten Beispielen. Wir sind nicht verpflichtet, darauf zu achten, dass die von uns vermittelten Afrikanerinnen (wir zitieren) »direkt aus dem Busch kommen«. Möglicherweise macht es Ihnen Freude, einer Frau zu erklären, wie ein Telefon funktioniert, aber das geht nun wirklich über den Service eines Eheanbahnungsinstitutes hinaus.

Wir vertrauen auf Ihr Verständnis und sind zuversichtlich, die Missverständnisse hiermit aus der Welt geräumt zu haben.

Mit freundlichen Grüßen,

Ihr Partnervermittlungsinstitut *Pimp my Bride* - Versandservice für exotische Frauen

Dienstags gibt es Tantra-Sex

Tante Gudrun lernt jetzt Tango

Die Familie macht sich Sorgen um Tante Gudrun. Gut, sie hatte schon immer ihre kleinen Besonderheiten – ich meine, in den Ferien geht sie Wasserskifahren im Mekong-Delta, so was machen die anderen Tanten nie, die fahren nach Mallorca oder zum Vatikan oder so. Und auch ihr Musikgeschmack ist grenzwertig, so uralter Kram aus den 70er Jahren. Aber richtig Sorgen machen sich meine Eltern erst in letzter Zeit, weil meine Tante jetzt jede Nacht ausgeht. Aber das liegt daran, dass meine Eltern nur ernste, komplizierte Filme auf *Arte* sehen, also verpassen sie viel Spaß im Leben. Ich finde, dass Tante Gudrun voll schräge Locations kennt, so was kennen meine Eltern jedenfalls nicht.

Es fing alles damit an, dass Tante Gudrun mit mir zum Tango gehen wollte.

»*Tango?*«, fragte ich. »Mit *mir*? Was soll ich denn da?«

»Du bist ein knackiger junger Kerl geworden, Jungchen«, sagte sie zu mir, »und beim Tango muss ich schon jemanden herzeigen, das ist ein Paartanz. Keine Angst, Kleiner, mit dir will ich ja gar nicht tanzen. Aber wir haben so einen göttlichen Tangolehrer aus Argentinien, und *den* will ich.«

»Gut«, hab ich gesagt, »was krieg ich dafür?«

Wir haben uns dann auf eine DVD-Box mit *Scream 1, 2* und *3* geeinigt, und dass sie meine Eltern dazu überredet, dass ich schon mit 17 den Führerschein machen darf, aber ich fürchte, dass wird sie vergessen, weil das noch eine ganze Weile hin ist. Ich habe also am Samstagabend Tante Gudrun abgeholt. Meine Tante hat normalerweise normale Klamotten an. Ich meine, Klamotten, wie sie alte Leute so um die 40 eben tragen. Lange Röcke bis zum Knie, Jeans und Blusen oder so. Aber an dem Abend, als ich Tante Gudrun abholen sollte, da hab ich sie kaum erkannt: Sie hatte ein kleines, glitzerndes Top mit Spaghettiträgern an, darunter sah man ihren BH – so ein durchsichtiger mit schwarzer Spitze –, und man sah auch noch alles Mögliche, was ich gar nicht wissen wollte. Dann hatte sie einen ultrakurzen Minirock an, so wie die Mädchen in meiner Klasse, nur dass die 20 Kilo weniger wiegen. Das Abgefahrenste war aber der dunkelrote Lippenstift. Ich dachte im ersten Augenblick, sie hätte auf diese Kunstblutkapseln gebissen, die wir früher als Vampire zu Karneval benutzt haben. Ihre Eckzähne sahen aber aus wie immer.

»Los, gehen wir«, sagte sie, und klammerte sich an meinen Arm, denn alleine konnte sie auf ihren Stöckelschuhen nicht gehen.

Als wir in den ›Tangosalon‹ kamen, dachte ich: Na, ein Salon ist das ja eher nicht. Da standen ein paar kleine Tische mit fleckigen Tischdecken um eine Tanzfläche, roter Samt war an die Wände getackert, und an der Decke hing eine antike Discokugel, bestimmt Original Achtziger Jahre. Alles war richtig schön verstaubt. Bis auf ein paar Tischlampen mit schummrigem Licht war es total düster, wie in einem Horrorfilm, wo auf einmal Blut auf die weiße Tischdecke tropft, ohne dass man weiß, wo das herkommt. Ich konnte kaum was sehen, der Zigarettenrauch war auch nicht hilfreich, und außerdem blendeten mich diese nervigen Blitze, die Tante Gudruns Glitzerohrringe und Strassketten schossen. In diesem Tanten-Stroboskop sah ich irgendwo ein paar Gestalten an den Tischen rumsitzen, alles ältere Leute weit über dreißig. Ich führte Tante Gudrun vorsichtig an einen freien Tisch und setzte sie auf einen Stuhl. Ihre Füße quollen schon oben aus den Stöckelschuhen raus, und ich war drauf und dran, ihr die Schuhe auszuziehen und die Füße auf einen freien Stuhl zu legen, aber dann dachte ich daran, was mir meine Mutter vorher eingeschärft hatte, also dass ich *auf keinen Fall* irgendwelche Kommentare zu Tante Gudruns Kleidung abgeben sollte, sonst – ich weiß nicht mehr, irgendwas Schlimmes mit meinem Taschengeld.

Na egal, dachte ich, mit den Schuhen, da wird sie schon selbst draufkommen. Irgendwann fangen die Füße ja an zu bluten.

Ein uralter Kellner, der aussah wie ein Untoter, brachte uns was zu trinken, und wir saßen da und betrachteten die leere

Tanzfläche. Es lief eine depressive Orchestermusik mit einem jammernden Sänger, der so gequält klang, dass einem Gänsehaut den Rücken rauf- und runterlief.

»Das ist der Tango!«, sagte Tante Gudrun. »Fühlst du die Seele der Musik? Die Leidenschaft?«

»Ja«, sagte ich, »die Musik finde ich klasse!« Das stimmte; ich fand, dass die Musik super zu einem Horrorfilm passte, und die ganze Kulisse hier sah sowieso aus wie diese alten Vampirfilme, da steh ich drauf. Da ist auch eine Menge Leidenschaft drin, die sind immer hintereinander her, um sich in den Hals zu beißen und dem anderen ein zugespitztes Holz ins Herz zu hämmern und so. Ich hab also meinem Kumpel Kevin eine SMS geschickt, ›Bin aufm Filmset von Dracula!!!!!‹, nur um ihn neidisch zu machen, denn Kevin steht auch auf Horrorfilme.

»Da!«, flüsterte Tante Gudrun, »das ist der Tangolehrer! Ist er nicht wundervoll?!«

Ein älterer, dicker Mann mit grauen Haaren kam an unseren Tisch und begrüßte meine Tante.

»Meine liebe Gudrrrun! Buenas Noches!«, sagte er. »Werrr ist dieserrr schöne junge Mann an Ihrrrer Seite?«

»Mein Neffe«, sagte Tante Gudrun, »aber er kann nicht tanzen. Also…vielleicht…«

»Ich verrrstehe…«, hüstelte er. »Darf ich bitten?«

Der Tangolehrer half Tante Gudrun auf die Füße und führte sie auf die Tanzfläche. Sobald Tante Gudrun dort stand, schüttelte sie den Kopf, ließ ihre Haare über ein Auge fallen, schielte den Typ schräg aus dem anderen Auge an und klapperte mit den Wimpern. Dann bewegte sie leicht ihre Schulter, so dass der Spaghettiträger runterrutschte, und fiel dann plötzlich nach vorne in die Arme des Tangolehrers. Klar, bei solchen Absätzen hätte jeder irgendwann die Balance verloren. Der Tangolehrer war aber anscheinend darauf vorbereitet, denn er lehnte sich von der anderen Seite gegen sie, so dass sie sozusagen ein gleichschenkliges Dreieck bildeten – das haben wir neulich in Mathematik gehabt – und dadurch heben sich die Flieh-

oder Schubkräfte oder wie auch immer gegeneinander auf, da gibt es bestimmt auch ein physikalisches Gesetz zu, jedenfalls fielen die beiden nicht um. Sie hielten sich oben aneinander fest und gingen unten ruckartig hin und her; tanzen war wohl nicht drin mit diesen Schuhen. Irgendwann nahm der Tangolehrer mit zwei spitzen Fingern Tante Gudruns Träger und schob ihn wieder hoch, und Tante Gudrun zuckte nochmal mit der Schulter, sodass er wieder runterrutschte, und da fiel dem Tangolehrer wohl auf, dass das Absicht war, denn er ließ ihn liegen. Mir tat er ein bisschen leid, denn er hatte Tante Gudruns Ausschnitt mit dem schwarzen Spitzen-BH direkt vor der Nase, und das wünscht man ja niemandem, aber er wurde ja bezahlt für diesen Job. Nehme ich mal an.

Als das Stück zu Ende war, stand ich schnell auf, um auf die Tanzfläche zu rennen, denn wenn der Tangolehrer meine Tante losließ, würde sie umfallen, das wusste ich genau – aber er war so nett, sie direkt an unseren Tisch zu bringen, und es war gar nicht nötig, sie aufzufangen.

Allmählich bekam ich Spaß an der Sache. Tante Gudrun kam offensichtlich alleine klar, und ich konnte mich in Ruhe umschauen. Die Kulisse war eine Kombination aus *Shining* und den späten Tim-Burton-Filmen, die düstere Musik war genau richtig für diese unheimliche Atmosphäre, und die ganzen Zombies hier hatten super Kostüme an – eigentlich auch Tante Gudrun. Für meinen Geschmack hätten nur ein paar Spinnweben mehr an der Decke sein dürfen. Jetzt erst fielen mir die dichten schwarzen, geschwungenen Augenbrauen des Tangolehrers auf: Nosferatu! In echt! Ich musste ihn einfach die ganze Zeit anglotzen. Manchmal schaute er zu uns herüber, und lächelte ein kleines, dünnes, unheimliches Lächeln. Wahrscheinlich merkte er, dass ich ihn durchschaut hatte. Denn ich weiß genau, wann ich einen Vampir vor mir habe!

»Siehst du seine glühenden schwarzen Augen?!«, sagte Tante Gudrun, »er hat dieses südamerikanische Feuer, dieses Temperament! Und er will mich…siehst du, wie er immer zu mir herüberlächelt?«

Sie winkte dem Tangolehrer mit dem kleinen Finger zu und klimperte mit den Augenlidern. Ich wollte meine Tante nicht enttäuschen, deswegen sagte ich ihr nicht, dass er in Wirklichkeit Nosferatu war und nur ihr frisches Blut wollte...ich werde sie schon verteidigen, wenn's drauf ankommt!

Ab und zu kam der untote Kellner vorbei und brachte Tante Gudrun ein neues Glas Wein – Rotwein, oder vielleicht das Blut einer Jungfrau, die bei Vollmond getötet worden war. Das hätte mich in diesem Tanzpalast von Dracula nicht überrascht. Ich wartete darauf, dass die Uhr Mitternacht schlug, dann würde hier bestimmt irgendwas passieren, der Kellner würde seinen Kopf unter den Arm klemmen oder irgendwer aus dem Klavier steigen, das gar kein Klavier war, sondern in Wirklichkeit ein Sarg…

Irgendwann muss ich im Stuhl eingeschlafen sein – es war eben ein langer Abend –, denn ich wachte davon auf, dass jemand mich rüttelte und mir am Ohr zog. Ich hatte vom *Tanz der Vampire* geträumt, und ich stieß einen Schrei aus, denn auf einmal stand eine Gestalt mit blutigem Mund über mir, aber es war nur Tante Gudrun mit ihrem Lippenstift.

»Los, wir gehen jetzt«, sagte sie ärgerlich.

»Was ist?«, fragte ich, »wolltest du nicht Nosferatu abschleppen?«

»Wen?«, fragte Tante Gudrun. »Egal, steh auf und nimm meinen Arm, wir gehen!«

Ich stand schlaftrunken auf und sah, wie der Tangolehrer auf der Tanzfläche eine blonde Mumie von mindestens hundert Jahren hin- und herschob, die ebenfalls nicht ohne Hilfe stehen konnte. Jetzt lächelte er auch nicht mehr rüber zu meiner Tante. Ich nahm also ihren Arm, und wir bahnten uns einen Weg durch die Tische mit den Untoten, die uns mit leerem Blick anstarrten. Ich war auf der Hut, aber ich hatte nicht mal ein Kruzifix dabei, geschweige denn Knoblauch, doch sie ließen uns ungehindert ziehen. Ich balancierte Tante Gudrun bis zum Taxistand.

»War schön«, sagte ich. »Wann gehen wir wieder hierhin?«

»Das Thema ist durch«, sagte meine Tante grimmig.

Schade, dachte ich. Aber ich kannte ja jetzt die Adresse. Irgendwann gehe ich mal mit meinem Kumpel Kevin hierhin, vielleicht an einem Freitag, dem 13. Es ist nämlich wirklich selten, dass man echte Zombies zu Gesicht bekommt.

»Man sollte denken, dass es reicht«, sagte meine Mutter in paar Wochen später zu meinem Vater.

»Gudrun will es wirklich wissen«, grinste mein Vater.

»Was ist denn los?«, fragte ich.

»Deine Tante hat ein neues Hobby«, sagte meine Mutter.

»Soll ich wieder mit zum Tango?«, freute ich mich.

»Nein, Tango ist abgehakt. Aber das hier ist noch viel besser«, sagte mein Vater und lachte laut.

»Wovon redet ihr?«, fragte ich.

»Gudrun macht jetzt Bauchtanz«, erklärte meine Mutter.

»Bauchtanz? So wie bei Bollywood?«, fragte ich. »Geil! Da will ich mit!«

Meine Eltern schauten mich entgeistert an.

»Bauchtanz in der städtischen Volkshochschule«, sagte mein Vater vorsichtig, »sieht womöglich anders aus als in indischen Filmen.«

Das war mir egal. Wenn die Sache nur halb so lustig wurde wie beim Gruseltango, dann lohnte sich das. Und Tante Gudrun freute sich, als mein Kumpel Kevin und ich mit zu ihrem Kurs wollten; sie meint, fremde Kulturen wirken stimulierend auf junge Menschen. Kevin wollte erst nicht – er ist auf Horrorfilme festgelegt –, aber als ich ihm von diesen süßen Bollywood-Tänzerinnen mit langen Haaren und Juwelen im Bauchnabel erzählt habe, kam er doch mit.

»Ihr beiden bleibt hinten im Raum sitzen und *haltet den Mund*«, sagte meine Mutter.

Die Volkshochschule war ein großes, kahles, graues Gebäude aus Beton. Wir verliefen uns in den langen Gängen, aber irgendwann kamen wir zum Raum 128/3 im dritten Stock, ein großes, kahles, graues Zimmer mit Wänden aus Beton und einem Boden aus Beton. Tante Gudrun verschwand hinter einer Tür, um sich umzuziehen, und dahinter hörte man schon eine Menge Frauengegacker. Kevin und ich nahmen uns zwei Hocker, setzten uns hinten an die Wand und warteten.

Nach einer Weile kamen eine Reihe Frauen rein, die meisten von ihnen so alt wie meine Mutter, oder eben Tante Gudrun, und sie hatten weite Hosen aus durchsichtigem Stoff an, dazu Bikinioberteile, und dazwischen hing der Bauch raus. Die meisten hatten große Bäuche, und bei keiner steckten Juwelen im Bauchnabel. Tante Gudrun hatte allerdings noch goldene Ketten um die Hüften geschlungen, die bei jedem Schritt klimperten. Alle setzten sich auf Matten und schauten die Kursleiterin an, die vorne auf einer Matte saß. Die hatte aber Joggingklamotten an und war auch schon älter. Sie zündete Räucherstäbchen und Teelichter an und legte eine säuselige Musik auf.

»Ich sehe, heute sind ein paar neue Gesichter dabei«, sagte die Lehrerin, »auch junge Männer, wie schön!« – sie nickte zu Kevin und mir herüber –, »willkommen beim Tantra-Sex, Kurs Nummer 4/55 des Sommersemesters.«

»Ist das hier nicht der Bauchtanzkurs?«, fragte Tante Gudrun.

»Nein, sagte die Lehrerin. Bauchtanz ist Donnerstag. Dienstags gibt es Tantra-Sex«.

Die Tante schaute unruhig zu uns rüber, aber Kevin und ich zuckten nicht mit der Wimper.

»Ich dachte…«, sagte meine Tante nervös, »…aber… ich kann ja mal zuschauen.«

»Tantra ist sexuelle Heilung«, sagte die Lehrerin, »das heißt, die Wiederentdeckung unseres erotisch-sexuellen, wilden Selbst.«

»Wow!«, sagte Kevin. Alle drehten sich rum und schauten ihn an. Er grinste freundlich in die Runde.

Die Lehrerin richtete sich langsam auf, so dass sie breitbeinig kniete, wand sich hin und her wie eine Schlangenfrau im Zirkus und reckte ihre Arme in die Luft.

»Tantra«, sagte sie, »ist der Weg durch die Erleuchtung über die Sinne, durch die Aufhebung der Gegensätze zwischen Mann und Frau, zwischen Shakti und Shiva in der Ekstase.«

»Ekstase«, sagte Kevin, »das kenn ich! Voll krass!«

»Ja?«, sagte die Lehrerin, »wie wundervoll! Willst du die Geschichte dieses Erlebnisses mit uns teilen?«

»Klar«, sagte Kevin, »also das war so: Letztens hat der Tom – der ist bei uns in der Klasse – gesagt ›hey, wollt ihr mal was voll Geiles für die nächste Mittelstufenparty‹, und dann hat er so'n Plastikbeutel mit kleinen weißen Pillen rausgeholt, und...«

»Kevin«, flüsterte ich, »das war *Ecstasy*, nicht Ekstase!«

»Ach wie«, sagte Kevin verwirrt, »wovon redet die denn?«

»Von Sex«, sagte ich.

»Ja noch viel besser«, meinte Kevin erfreut.

»Legt euch nun auf den Boden«, sagte die Lehrerin. »Spürt euren Körper. Spürt den Körper, der neben euch liegt. Fühlt ihr die sexuelle Energie des Körpers neben euch?«

»Bäh, zum Glück nicht«, sagte ich zu Kevin und boxte ihn in die Rippen.

»Sei ruhig«, sagte er zu mir, »hier kann man vielleicht was lernen über Mädchen und was sie beim Sex wollen und so«.

Ich war platt.

»Lernen? Du??«, sagte ich zu Kevin. »Tu doch nicht so!«

Tante Gudrun schaute zu uns rüber und machte »schhhh«.

Alle atmeten eine Weile laut, möglichst schnaufend, damit es nicht so aussah, als würde man nur auf dem Boden liegen und ausruhen. Die Musik säuselte und die Räucherstäbchen rauchten. Die Lehrerin saß vorne und schwenkte einen durchsichtigen Schal über ihrem Kopf und wand sich dabei hin und her.

»Hey, sollen wir nachher bei mir zuhause noch eine Runde am PC spielen?«, flüsterte ich.

Kevin schnippste mehrmals mit den Fingern.

»Ja?«, sagte die Lehrerin.

»Könnte ich vielleicht weiter nach vorne kommen?«, fragte Kevin. »Hier hinten kann ich mich nicht konzentrieren.«

»Gerne, hier neben mir ist noch Platz.«

Kevin zog seine Nase und seine Jogginghosen hoch, stapfte nach vorne und ließ sich neben die Lehrerin plumpsen. Die lächelte ihn an, dabei war sie mindestens 35. Voll eklig.

»Wir müssen lernen, uns gehen zu lassen«, sagte die Lehrerin. »Um unsere erotische Kapazität zu entwickeln, darf man sich nicht zurückhalten. Wir müssen alles geben können, um von unserem Gegenüber alles zu erhalten, Shiva und Shakti werden Eins, Mann und Frau sind Teil eines Ganzen, und um dies zu erleben, lassen wir unserem erotischen Selbst seinen Lauf, ungezügelt und wild…«

»Genauso muss es sein«, sagte Kevin laut. »Das habe ich auch immer gedacht. Aber nie wollte jemand mitmachen.«

Tante Gudrun stand auf und sagte: »Jungs, wir gehen jetzt. Ihr müsst bestimmt noch Schularbeiten machen. Und Bauchtanz gibt's hier sowieso nicht.«

Die Lehrerin schaltete die Musik aus.

»Ich halte diesen jungen Mann für sehr begabt, seine verschüttete Sinnlichkeit zu entdecken«, sagte sie energisch. »Es ist ungewöhnlich, dass jemand so deutlich auf das Konzept des Tantra-Sex anspricht. Aber die Stunde ist ohnehin vorbei. Nächsten Dienstag geht es weiter, Sie sind herzlich willkommen.«

»Nein danke«, sagte Tante Gudrun.

»Kommst du mit zu mir?«, fragte ich Kevin. Er schüttelte den Kopf und sah dabei der Lehrerin tief in die Augen.

»Ich fasse es nicht«, sagte Tante Gudrun zu mir. »Das ist das letzte Mal, dass ich dich und irgendeinen deiner Schulkameraden irgendwohin mitnehme!«

Kevin zog seine Jacke an und trottete hinter der Lehrerin her, die mit weiten Hüftschwüngen aus dem Raum ging. Bevor die Tür zufiel, drehte er sich noch mal kurz um und zwinkerte mir zu.

Krankheitsbild Überintegration

Meine Lieblingssportart ist Nordic Walking. Jetzt finden manche Leute, dass das nicht das Richtige für einen Araber wäre, aber was soll ich stattdessen machen, hier im Rheinland? Kamelrennen? Sanddünensurfen? Handgranatenweitwerfen? Eben. Möglicherweise sieht das albern aus mit diesen Skistöcken ohne Skier und dazu die Kufiya auf dem Kopf, aber man ist an der frischen Luft und es gibt nicht die geringste Verletzungsgefahr. Das ist wichtig, ich habe nämlich drei Jobs, und da kann ich es mir nicht leisten, mit Gipsbein im Bett zu liegen. Und davon wollte ich erzählen, von meinen Arbeitsstellen. Meistens wissen die Leute nicht so genau, wo ich her komme, nicht mal meine Landsleute, also die Hessen. Ich bin nämlich in Wiesbaden geboren. Meine Mutter kommt aus Syrien und mein Vater aus Kolumbien. Und aussehen tu ich – na ja, wie der jüngere Bruder von Gaddafi, braune Haut, schwarze Locken, kantiges Kinn; mit einem Wort: ich sehe hervorragend aus. Die Araber halten mich für einen Latino, die Latinos für einen Inder, die Inder für einen Araber, und die Deutschen einfach für einen Ausländer. Das Praktische, wenn man so aussieht wie ich: Man kann in einer Menge Jobs arbeiten, die an bestimmtes Aussehen gekoppelt sind. Ich zum Beispiel arbeite in Spezialitätenrestaurants. In dreien. Nein, nicht als Tellerwäscher in der Küche, sondern ich bin der Maître d', und ich berate die Gäste zu den Spezialitäten in den Restaurants. Ich liebe meinen Beruf. Ich bin der Beste. Das Besondere ist, dass ich mich ganz persönlich, ganz individuell, jedem kulinarischen Angebot anpasse. Deswegen bin ich ja überhaupt eingestellt worden.

Mein Tag fängt erstmal an als Sizilianer in einer kleinen italienischen *cantina*. Die Köche sind natürlich Pakistanis, wie überall, und der Besitzer ist ein Deutscher, also wurde ich angeheuert,

um dem Ganzen einen authentischen Anstrich zu geben. Zugegeben, die Bezeichnung ›Maître d'‹ ist bei meinem ersten Job des Tages ein bisschen übertrieben, da ich der einzige Kellner bin. Aber auf der anderen Seite trage ich – ich allein! – die Verantwortung für das kulinarische Erleben der Gäste, nur ich sorge dafür, dass sie sich fühlen wie in Italien. Pasta kann man schließlich auch zu Hause kochen, aber ohne einen waschechten Italiener dabei schmeckt das nur halb so gut. Ich schmiere also viel Gel in die Haare, hänge mir ein goldenes Kreuz um den Hals, binde mir eine lange weiße Schürze um und zwinkere den Frauen zu, *allen* Frauen, auch den gut Abgehangenen, die hier stundenlang an einem Glas Rotwein trinken. Das Publikum mittags sind Geschäftsleute, Bürohengste aus den umliegenden Firmen und gelangweilte Hausfrauen mit zuviel Geld. Mittags bin ich ›Luigi‹, und alle rufen mich mit dem Vornamen, um zu beweisen, dass sie Stammgäste sind, deshalb brauchte ich mir auch keinen Nachnamen ausdenken. Die anderen Kunden rufen sowieso »Bedienung!« Ich als Luigi renne also hin und her und sage Sachen wie »Signora, dieser Tortellini särr gutt!« und »Isch empfäle Rotwein aus Sicilia, aus meine Dorf! Habe gespielt zwischen Weinbergen als kleine Junge«, und solche Sachen. Im Restaurant sind sie sehr zufrieden mit meinem Italokellner. Damit mir der Besitzer einen Bonus zahlt, setze ich mich hin und wieder zu Gästen an die Theke und erzähle, wie ich vor der Mafia nach Deutschland fliehen musste, aber dann kamen einmal nach Ladenschluss zwei Männer in dunklen Anzügen zu mir und erklärten freundlich, dass es für meine Gesundheit besser wäre, solche Geschichten nicht mehr zu erzählen, und seitdem lasse ich das. Man kann den Luigi auch anders spielen, Lieder von Adriano Celentano singen zum Beispiel, ach was – lauthals schmettern! Den Männern lege ich den Arm um die Schulter, wenn ich mich verabschiede, und den Frauen um ihre Taille, manchmal auch etwas tiefer. So sind Italiener eben.
Sobald die Mittagsgäste weg sind, sause ich los zu meinem nächsten Job, da bin ich Inder. Wichtig ist es, wesentlich leiser zu re-

den als in meinem Mittagsjob. Italiener sind temperamentvoll und reden laut, und Inder sind spirituell und zurückhaltend, da dürfen sie natürlich nicht durch die Gegend brüllen, als wären sie aus Neapel. Hier heiße ich ›Dinesh‹, habe ein langes, besticktes Hemd an und ebenfalls gegelte Haare. Die Gäste sind hier meistens Studenten oder Leute, die sich für weit gereist halten und den anderen Leuten an ihrem Tisch beweisen wollen, dass sie sich auskennen in der Welt, zum Beispiel bezüglich indischem Essen. Maître d' beim Inder zu sein ist ein Kinderspiel. Die Kunden wollen nicht wissen, was wie schmeckt, aus welcher Gegend die Gerichte kommen oder wie die Gemüse heißen. Nein, alles, was die Restaurantbesucher beim Inder interessiert, ist, ob das Essen scharf ist, und wenn ja, wie scharf es ist, und ob sie sich trauen können, was davon zu probieren. Als Dinesh lächle ich einfach freundlich und sage, dass der Koch ganz speziell wegen ihnen diesmal ausnahmsweise kein Chili in das Curry tut. Aber das würde Herr Spasiuk, der Ukrainer, der hier in der Küche steht, sowieso nicht wagen. Seit die Brüder einer Peruanerin, die er mal verführt und fallengelassen hatte, ihm Chilipulver auf seine kostbarsten Körperteile schmierten und er deswegen ins Krankenhaus musste, seitdem hält er Chili für eine Erfindung des Teufels. Die Ärzte im Krankenhaus waren sehr interessiert an seiner 24-Stunden-Erektion und dem Bio-Viagra und wollten wissen, was das war und wo er das herhatte und ob er davon was abgeben könnte, aber Herr Spasiuk war unkooperativ.

Überhaupt, Chili ist ein echtes Thema. Manchmal wollen Typen den Frauen am Tisch beweisen, was sie doch für Kerle sind, und dann ruft so ein Hans lautstark quer durchs Restaurant: »Ich kann Schärfe ab, nicht wahr, Süße? – *zwinker, zwinker* – Sagen Sie dem Koch, er soll ordentlich Chili reintun!« Das traut sich Herr Spasiuk natürlich nicht, aber bevor ich das Essen serviere, gieße ich großzügig mexikanische Tabasco-Soße drauf, das reicht vollends, damit der Hans am Tisch rot anläuft und ihm die Augen tränen. Ich stehe neben dem Tisch und verziehe keine Miene dabei; Inder sind unergründlich wie alle Asiaten. Es reicht, wenn die Gudruns am Tisch sich beeiern, wenn dem Hans die Zunge anschwillt und er Atemprobleme hat. Da komme ich schon auf meine Kosten.

Nach ein paar Stunden Dinesh-sein habe ich vom Lächeln Krämpfe in den Gesichtsmuskeln. Aber Hauptsache, der Gast ist König und hat den imaginären Tropenhelm auf.

Es ist ganz schön anstrengend, dreimal am Tag die Identität zu wechseln. Den Anfang kriege ich noch gut hin, vom Italiener mittags zum Inder nachmittags. Aber gegen Abend wird es anstrengend. Da heiße ich nämlich ›Carlos‹ und muss als DJ Caramba in einer Salsa-Disco auflegen. Ich tu mir noch mehr Gel in die Haare und klebe ein Abzieh-Tattoo auf den Unterarm. Aber der Übergang vom lächelnden, zurückhaltenden Inder zum temperamentvollen Latino läuft oft nicht so flüssig wie er sollte. Manchmal bin ich viel zu höflich zu den deutschen Tussen, die sich alle um das DJ-Pult scharen und darauf warten, von mir abgeschleppt zu werden. In meinem Vertrag steht, dass ich zumindest jede zweite Nacht eine Frau mitnehmen muss, und auf keinen Fall immer dieselbe. Zu meiner Berufsbeschreibung in meinem Drittjob als Salsa-DJ gehört zünftiges Machogehabe, und da kommt mir der Inder vom Nachmittag in die Quere. Abends lässt meine Konzentration nach, und dann kann es vorkommen, dass ich die Salsatussen zu *Pasta alla mamma* einlade. So was verwirrt die Deutschen.

Letztens kam es dann zu einem bedauerlichen Vorfall. Es war nach einer sehr langen Nacht. Ich hatte wie immer in der Disco Salsa aufgelegt, und dann, wie vertraglich vereinbart, hatte ich eine Gudrun mit nach Hause genommen, die aber unerwarteterweise bis zum nächsten Morgen geblieben ist. Wir haben gefrühstückt zusammen, und deswegen war ich immer noch Carlos Caramba, obwohl es schon helllichter Morgen war. Wir tranken Kaffee, hörten Salsa, dann verabschiedete ich mich von ihr und musste sofort losrasen in die italienische *cantina*. Ich hatte keine Zeit mehr, mich umzustellen; nur so kann ich mir erklären, was danach passierte. Als die ersten Gäste kamen und ›Luigi, Luigi!‹ riefen, da hab ich…also ich erinnere mich nicht mehr, aber die pakistanischen Köche behaupten, ich hätte mir die Schürze vom Leib gerissen, Parmesanklumpen durchs Restaurant geschmissen und damit die Rotweinflaschen auf den Regalen bombardiert, und dann hätte ich geschrieen: »Ich bin Ahmad der Araber! Allah ist groß und der Vatikan ist Scheiße! Der AC Mailand könnte nicht mal ein Kamelrennen der Kreisliga gewinnen! Und ich mag gar keine Pizza!«

Seitdem bin ich hier in der Klinik.

Jetzt, wo ich mich ein bisschen ausgeruht habe, verstehe ich überhaupt nicht mehr, wie das passieren konnte. Ich liebe meine Arbeit, ich bin wirklich gerne Maître d', und jeder kann mal einen schlechten Tag haben. Und ehrlich gesagt, ich kann einfach nicht glauben, dass ich in die Salsa-Disco gerannt bin und gedroht habe, mich in die Luft zu sprengen, wenn ich nicht 72 Jungfrauen bekäme. So was passt gar nicht zu Carlos, er bekommt die Frauen auch so, auch 72, wenn er will. Nur mit den Jungfrauen könnte es etwas schwierig werden. Aber wie gesagt, ich habe mich jetzt erholt, spaziere hier durch den Park, und ich hoffe nur, dass sie mir bald meine Nordic-Walking-Stöcke zurückgeben.

Der Arzt meint, dass ich auf dem Wege zu einer gespaltenen Persönlichkeit sei, aber das ist alles Unsinn. Ich *bin* ja drei verschiedene Leute – Luigi, Dinesh und Carlos Caramba. Da fällt mir ein, ich habe mich ja noch gar nicht vorgestellt! Ich bin – Augenblick, wie viel Uhr ist es? – oh, schon nach 17 Uhr, da bin ich Dinesh. Willkommen in tausendundeiner Nacht, lassen Sie sich fallen, hier werden Ihre Sinne verwöhnt…und keine Sorge, der Koch tut ganz speziell wegen Ihnen diesmal ausnahmsweise kein Chili in das Curry!

Shisha und Streuselkuchen

Rupert ist ein sozialer Mensch. Und weil er das ist, engagiert er sich freiwillig: Überall, wo er Benachteiligung wittert, da wird man Rupert finden – immer zur Stelle, wenn die Gesellschaft ihn braucht. Er nimmt Rücksicht auf die Umwelt, hat schon Mülltrennung gemacht, als das noch Lumpensammeln hieß, und züchtet pestizidfreies Gemüse in seinem Garten, das übrigens sehr lecker ist, wenn man die Blattläuse gut abspült vorher. Gentechnisch veränderte Geranien gibt's bei Rupert nicht. Er fährt regelmäßig zu Protesten gegen Atomkraftwerke, am liebsten zu denen in Norddeutschland, weil ihm die grüne, flache Landschaft gefällt. Atomproteste bedeuten auch immer ein paar Tage Ferien, »aber ohne CO_2-Ausstoß und schlechtes Gewissen«, wie Rupert nach seinen Atomausflügen immer sagt. Rupert hat schon ganz wilde Dinge gemacht in seinem Leben: Nachts auf dem Gelände eines Chemielabors arme Kaninchen aus Käfigen befreit, damit die Kosmetikkonzerne keine Versuche an ihnen durchführen konnte. Mitten in der Nacht. Dummerweise stellte sich hinterher heraus, dass die Kaninchen zum Streichelzoo der Kindertagesstätte gehörten, die sich neben den Labors befindet. Und das war insofern bedauerlich, weil die Kleinen am nächsten Tag morgens auf dem Weg zum Kindergarten mehrere blutige Kaninchen auf der Straße fanden, weil die Autos sie überfahren hatten.

Seitdem engagiert sich Rupert lieber für Menschen, weil die ihm sagen können, ob sie zum Labor oder zum Streichelzoo gehören, bevor man sie befreit. Aber Rupert lässt sich von so etwas nicht beirren: »Die Welt zu retten ist schließlich keine einfache Angelegenheit«, sagt er immer.

Ganz besonders haben es ihm die Ausländer angetan. Sie sind an den Rand der Gesellschaft verbannt, können die Sprache nicht und sind hilflos den Mächten ausgeliefert – in diesem

Punkt erinnern sie doch wieder an die Kaninchen. Unser Land und unsere Sitten sind ihnen fremd, und da können alle möglichen unvorhergesehenen Dinge passieren. Bei einer Kirchen-Asyl-Aktion beispielsweise hat Rupert viele Butterbrote geschmiert und extra mit Rinderschinken belegt, weil die Moslems kein Schweinefleisch essen, aber dann waren die Asylsuchenden leider Hindus aus dem pakistanischen Teil von Kaschmir, und aßen überhaupt kein Fleisch, also nahm Rupert die Butterbrote wieder mit nach Hause und brachte stattdessen ganz viele Aprikosen aus seinem Garten mit, das war genau das Richtige für Vegetarier. Vegetarier erinnern Rupert auch an die Kaninchen.

Rupert ist blond und kurzsichtig, ebenso wie seine Frau Anna-Elisabeth, die aber längere Haare und eine dickere Brille hat als er. Sie wohnen in einem hübschen Einfamilienhaus im Grünen. Rupert hat den ganzen Holzausbau des Hauses selbst gemacht, so etwas kann er gut. Er liebt es, mit den Händen zu arbeiten, auch wenn der Ausbau ein paar Jahre länger dauert als bei einem Schreiner. Dafür hat er seine innere Verbindung zu dem Material Holz wiedergefunden, und so etwas ist wichtig, finden Rupert und seine Frau.

Außerdem sind beide aktive Mitglieder der evangelischen Kirche. Und so kam es, dass Rupert ein neues Aufgabenfeld zugeteilt wurde: Pastor Neumann nämlich meinte, in der Gemeinde gäbe es viele alte Ausländer, um die sich niemand kümmere, lediglich ihre Familien. Im örtlichen Seniorenheim seien noch einige Plätze frei und womöglich könnten jene ausländischen Rentner dort untergebracht werden.

»Es gibt allerdings zwei Probleme«, sagt Pastor Neumann zu Rupert, »die Ausländer sperren sich gegen Altersheime, grundsätzlich. Die wollen sich wohl erst auf dem Friedhof integrieren! Und das Altersheim muss natürlich vorbereitet werden auf die Anwesenheit von Menschen mit fremder Religion, und ohne Schweinefleisch, und die Kopftücher, ach nein, die haben die deutschen Omas ja auch auf, aber Sie verstehen, was ich meine…«

»Keine Sorge«, ruft Rupert begeistert, »ich bin dabei!«

Prinzipiell ist Rupert zwar gegen Altersheime – er meint, alte Menschen gehören in ihre gewohnte Umgebung und sollten von ihrer Familie gepflegt werden, aber erstens sind alte Ausländer sowieso nicht in ihrer gewohnten Umgebung, schon seit Jahrzehnten nicht, und zweitens lebt Ruperts Mutter mit ihren 82 Jahren alleine, und das ist etwas problematisch. Sie ist zwar sehr rüstig, allerdings ruft sie vier- bis fünfmal am Tag bei Rupert an, den sie dann zu sich beordert, zum Beispiel, weil er eine Glühbirne auswechseln soll oder weil sie ihren Schlüssel nicht findet oder weil sie ein kleines Schwätzchen halten möchte. »Du hast sowieso nichts zu tun«, sagt seine Mutter jedes Mal in einem hämischen Ton. In der letzten Zeit hat sich Rupert Prospekte von Seniorenheimen angeschaut, aber heimlich. Die Aufgabe, die gemeindeeigenen Ausländer im Altersheim unterzubringen, spornt ihn deswegen besonders an.

Rupert ist frühpensioniert, deswegen hat er viel Zeit, um sich ehrenamtlich zu engagieren, und sich um seine Mutter zu kümmern. Früher war er Lehrer, aber dann bekam er ein Burnout-Syndrom, und die Jugendlichen in der Schule hatten wenig Verständnis dafür, eigentlich auch nicht der Direktor, und Ruperts Frau sowieso nicht, und so waren alle froh, als es mit der Frühpensionierung klappte. Trotzdem ist Rupert nicht wirklich alt, auch wenn seine Kinder das finden. Die sind aber schon aus dem Haus und melden sich nicht oft, und insgeheim ist Rupert froh darüber. Seine Kinder nehmen die Dinge nicht ernst genug und leben einfach so in den Tag hinein. Sein Sohn kellnert, während er sich findet, und seine Tochter reist, um sich zu finden. Rupert fragt sich manchmal, was sie vorfinden werden, wenn sie sich gefunden haben.

Das Seniorenheim heißt ›Sonnenau‹ und liegt an einer dicht befahrenen Straße, zugegebenermaßen auf der Sonnenseite. Alte Leute sind ohnehin meist schwerhörig, also ist der Verkehr kein Problem. Die Leiterin wartet schon auf Rupert.

»Ja, ja, das ist jetzt wieder mal was Neues, mal sind es Yoga-
kurse für Alte, mal sind es gemeinsame Ausflüge ins Konzert,
immer neue Moden, und jetzt sollen also Ausländer hierhin.
Bitteschön, wenn die Gemeinde das bezahlt, mir soll's recht sein.«
Rupert deutet an, dass die Ausländer eigentlich nicht so sehr
zur Unterhaltung der deutschen Insassen gedacht sind – obwohl
sie bestimmt schöne südländische Lieder singen können –, sondern zu ihrem eigenen Wohl hier untergebracht werden sollen.
»Na, dann gehen Sie das mal unseren Heimbewohnern erklären«,
sagt die Leiterin.
Rupert trifft sich also mit den Abgeordneten der Insassen: Frau
Wiesebeck, der Gerhard Schmitz, die dicke Trudi, und Müllers
Rudi. Sie trinken Kaffee und essen Kirschstreusel. Rupert er-
klärt ihnen, dass sie bald neue Mitbewohner bekämen, die andere Sitten hätten, mit denen sie wahrscheinlich nicht sprechen
könnten, die aber trotzdem gut behandelt werden sollten, und
dass im Heim ein islamischer Betraum eingerichtet werden
soll, eine Art Kapelle für Moslems.
Müllers Rudi sieht den heraufziehenden Religionskonflikt relativ gelassen: »Also, solang isch da nit mitbeten muss, is misch
dat ejal.«
Frau Wiesebeck ist alles recht, solange sie ihr Einzelzimmer
nicht teilen muss, und der Gerhard Schmitz ist in jungen Jahren
viel umhergekommen, damals in der Fremdenlegion, und
freut sich auf weit gereiste Leute, mit denen er seine Erlebnis-
se teilen kann. Rupert ist ganz erleichtert, wie problemlos alles
über die Bühne geht. Dann allerdings sind die Insassen-Ver-
treter entrüstet, dass die Neulinge spezielles Essen bekommen
werden. Sie wollen ebenfalls spezielles Essen. Die dicke Trudi
beispielsweise kommt aus dem Schwäbischen und möchte
mindestens zweimal in der Woche Maultaschen und Spätzle
essen. Handgemachte.
Rupert verspricht, sich darum zu kümmern, und blitzt kurz
darauf bei der Heimleiterin mit diesem Ansinnen ab. Daraufhin entziehen die dicke Trudi und 17 weitere Heimbewohner

Rupert ihre Unterstützung. Pastor Neumann dringt auf eine schnelle Lösung. Die Heimleiterin will keine Unordnung in ihrem Heim. Trudi besteht auf Spätzle. Es dämmert Rupert, dass diese Sache wesentlich unangenehmer werden könnte als die Kaninchenaktion.

»Vielleicht solltest du die Heimbewohner mal zu den Ausländerfamilien mitnehmen«, meint seine Frau Anna-Elisabeth. »Dann sehen sie, wo die Armen jetzt wohnen, und nehmen sie umso lieber bei sich im Heim auf, sozusagen aus christlichem Geist heraus.«
Rupert ist wie immer dankbar für den praktischen Geist seiner Frau. Sie hingegen ist froh über Ruperts verschiedene ehrenamtliche Aufgaben, denn dann ist er nicht so viel zu Hause.
Anna-Elisabeth hat früher Batikmalerei auf Seidenschals gemacht, die sie dann auf dem Gemeindebazar verkaufte. In letzter Zeit hat sie das Filzen für sich entdeckt und stellt Taschen und Kappen aus dickem, bunten Filz her. Die sind seltsamerweise auf dem Gemeindebazar weniger beliebt als Seidentücher, aber das ist Anna-Elisabeth egal, sie muss sich künstlerisch so ausdrücken, wie es richtig für sie ist, und das ist jetzt eben der Filz. Beim Filzen stört Rupert eher, weil er gerne pünktlich essen möchte, aber wenn Anna-Elisabeth von einer künstlerischen Inspiration gepackt wird, dann will sie einfach filzen ohne Unterbrechung. Insofern ist ihr das durchaus recht, dass diese Ausländer-Altenheim-Geschichte Rupert in Gang hält.
Am Wochenende machen also die Vertreter des Altenheims – ohne die dicke Trudi – zusammen mit Rupert einen Ausflug zu einigen ausländischen Freiwilligen. Die Familie, bei denen sie eingeladen sind, begrüßt die Delegation herzlich. Sie haben viel Essen vorbereitet, zum Glück Dinge wie Oliven, Tomatensalat und Fleischspieße, so wie man sie vom Griechen kennt. Müllers Rudi setzt sich hin und spachtelt begeistert. »Schön doof, die Trudi, dat se dat verpasst!«, sagt er mit vollem Mund. Die Mutter der Gastfamilie ist entzückt über seinen unermüd-

lichen Appetit. Gerhard Schmitz sitzt mit dem Familienvater über einer Landkarte, und sie streiten sich darüber, welcher der beste Weg entlang der lykischen Küste ist. Der Großvater der Familie, der laut Pastor Neumanns Plan ins Altersheim soll, flirtet mit Frau Wiesebeck, die seit 1959 nicht mehr so viel Aufmerksamkeit von einem Mann bekommen hat. Rupert fühlt sich überflüssig und nickt auf dem Sofa ein. Gegen Abend weckt ihn ein Anruf der Heimleiterin auf seinem Handy. Er versucht, die Delegation zum Aufbruch zu bewegen, aber Müllers Rudi möchte noch das Abendessen abwarten, die Familie tüftelt gerade mit Gerhard Schmitz ihre nächste Route für den Heimaturlaub aus, Gerhard Schmitz hat sich dazu eingeladen, und Frau Wiesebeck hat hysterische rote Flecken auf den Wangen, wegen der Nettigkeiten, die ihr der Großvater ins Ohr flüstert; sein gebrochenes Deutsch findet sie besonders charmant. Niemand möchte gehen. Die Heimleiterin keift Rupert ins Ohr. Er fühlt sich hilflos.

In den nächsten Tagen bekommt Rupert mehrere Anrufe: von Pastor Neumann, von der Heimleiterin, von dem Anwalt des Heimes und von einigen Dutzend Heimbewohnern, die sich für die nächste Tour anmelden möchten. Rupert bittet seine Frau, ihn zu den Vorladungen zu begleiten, aber Anna-Elisabeth spürt die Inspiration, tannengrünen Filz zu filzen und hat keine Zeit. Zwar war der Besuch bei den ausländischen Familien ihre Idee, aber das ist ihr egal. Rupert überlegt, dass seine Ehe mit Anna-Elisabeth vielleicht nicht ganz so harmonisch ist, wie er es gerne hätte.

Die Heimleiterin und ihr Anwalt beschuldigen Rupert des Kidnappings, da weder Müllers Rudi noch Frau Wiesebeck in das Seniorenheim zurückgekehrt seien. Mildernde Umstände seien allerdings, dass die Familienangehören der beiden das nicht problematisch fänden und sie bereits aus dem Altersheim abgemeldet hätten.

Als Rupert das Heim verlassen will, wird er von einer Horde aufgeregter Omas und Opas aufgehalten, die gerne ausbrechen möchten. Sie haben ihre Sachen bereits gepackt. Die Heimleiterin brüllt und droht. Rupert schwitzt so sehr, dass ihm seine Brille von der Nase gleitet. Als er geht, folgt ihm eine lange Reihe begeisterter Senioren. Zum Glück ist sein nächster Termin bei Pastor Neumann, der ihm das alles eingebrockt hat. Auf dem Weg zur Kirche kommt Rupert plötzlich der Gedanke, dass er dort um Asyl bitten könne.

Pastor Neumann wirkt verwirrt. Er berichtet, dass sich eine Reihe ausländische Familien aus der Gemeinde bei ihm gemeldet habe, da ihnen zu Ohren gekommen sei, dass einsame, allein gelassene alte Menschen eine Zuflucht bräuchten. Die ausbruchswilligen Senioren tragen ihre Namen in Listen ein, die Müllers Rudi herumreicht. Unbekannte junge Männer, die eindeutig nicht zur Kirche gehören, organisieren Transporte zu aufnahmebereiten Familien. Eine ältere Frau mit Kopftuch reicht den Helfern kleine, viereckige Süßigkeiten. Nach einer Weile erst erkennt Rupert, dass es Frau Wiesebeck ist. So fröhlich und agil hatte er sie gar nicht in Erinnerung. »Das macht die Liebe!«, flüstert Frau Wiesebeck ihm zu. Vor der Kirche fahren Kleintransporter vor; die jungen Männer laden Koffer und Rentner ein.

»Yalla yalla!«, ruft Müllers Rudi. »Was für eine Sprache ist das?«, fragt Rupert. »Wat weiß ich«, sagt Müllers Rudi. Rupert fühlt eine große Müdigkeit.

Die erste Gruppe von Alten verabschiedet sich und fährt winkend davon. Die jungen Männer holen eine Wasserpfeife hervor, setzen sich gemütlich im Kreis und ziehen der Reihe nach an der Shisha, so auch Pastor Neumann, der daraufhin in unkontrolliertes Kichern ausbricht. »Auch mal?« fragt der junge Mann neben ihm, als Rupert an die Reihe kommt. Er zieht kräftig an dem Schlauch und inhaliert so tief es geht, aber der kalte Rauch schmeckt nur nach Apfel.

Da piepst sein Handy. Anna-Elisabeth schreibt, dass sie sich die nächste Woche auf einer Filz-Fortbildung in der Toskana befindet und Rupert allein zurechtkommen muss. Rupert kommen die Tränen. Der junge Mann neben ihm denkt, dass Rupert die Shisha nicht gut bekommt und nimmt ihm den Schlauch weg. Pastor Neumann sitzt apathisch da und registriert, wie junge, verschleierte Frauen im Pfarramt schnell und präzise die Rentnerverschickungs-Aktion organisieren. Eine weitere Anmeldeliste wird herumgereicht. Verschiedene wartende Senioren tragen sich ein und reichen die Liste an Pastor Neumann weiter. Pastor Neumann kritzelt seinen Namen in die Spalte ›Fluchtbereite/r Rentner/in‹ und schläft sofort ein. Rupert nimmt die Liste, schreibt seinen Namen unter den von Pastor Neumann und atmet auf. Ein neues, großartiges Leben steht ihm bevor – ohne Familie, ohne Filz und ohne Kaninchen.

Durchbruch durchs Betondach

Wissen Sie, was wirklich ätzend ist? Leute, oder meinetwegen Organisationen, die nichts weiter können als unken und schlechte Laune verbreiten.

Die OECD ist so jemand. Sie, also die Organisation für Wirtschaftliche Zusammenarbeit und Entwicklung, hat im Juli 2007 eine Studie veröffentlicht, laut derer in Deutschland die Zuwanderer extrem schlecht in den Arbeitsmarkt integriert seien. Selbst Migrantenkinder, die ihre komplette Ausbildung in Deutschland absolviert haben, hätten geringere Jobchancen als Bewerber ohne Migrationshintergrund. Deutschland schneidet schlechter ab als die restlichen 24 Industrieländer, die in der OECD organisiert sind. So das Ergebnis der Studie.

Liebe OECD, man kann sich wirklich anstellen. Wir in Deutschland sehen das nämlich anders. Wir haben eine gesunde Tradition der Bevorzugung von Einheimischen im Arbeitsmarkt, das hat sich schon mit den Polen im Ruhrgebiet bewährt, und ein bisschen Ausländerarbeitslosigkeit sorgt dafür, dass Deutschland nicht von Immigranten überschwemmt wird. Vielleicht ist das jetzt nicht politisch korrekt, aber man muss nicht alles gleich so negativ sehen. Zum Beispiel bestimmte Statistiken, also etwa, dass Frauen im Durchschnitt 20 Prozent weniger verdienen als Männer, oder dass die Arbeitslosenquote von Ausländern und Ausländerinnen doppelt so hoch ist wie bei Deutschen. Das klingt jetzt erstmal blöd. Aber wenn man das weiterdenkt, dann heißt das, wenn eine ausländische Frau – also eine Migrantin – überhaupt einen Job bekommt, was um die Hälfte weniger wahrscheinlich ist als bei ihrer deutschen Nachbarin, dann kann sie sich wenigstens drauf verlassen, dass sie – ebenso wie ihre deutsche Nachbarin – mindestens 20 Prozent weniger verdienen wird als ein deutscher Mann.

Und das hat wiederum sein Gutes, weil sie das ja schon im Vorhinein wusste, und sich deshalb gar nicht aufregen muss. Im Übrigen haben Südländer meist ein sonniges Gemüt; von solchen Statistiken lassen die sich gar nicht beeindrucken.

Oder manchmal werden Statistiken einfach falsch interpretiert, zum Beispiel die bezüglich der Berufswahl. Da kann man – wenn man bösen Willens ist – annehmen, dass hier irgendeine Diskriminierung am Werk sei. In Wirklichkeit aber ist es ein Beweis der echten Freiheit, die in unserem Staat herrscht. Es geht um Folgendes:
Mehr als die Hälfte aller junger Frauen ausländischer Herkunft erlernt einen von diesen vier Berufen: Arzt- bzw. Zahnarzthelferin, Einzelhandelskauffrau, und die allermeisten werden Frisörin. Das ist ihre freie Wahl. Junge Migrantinnen wollen anscheinend nicht Managerin, Chirurgin oder Jagdbomberpilotin werden, und das müssen sie auch nicht. Deutschland ist ein freies Land, und wenn junge ausländische Frauen eben alle gerne Frisörin werden wollen, dann respektieren wir ihre Entscheidung. In diesem Land hat jeder die freie Wahl. Wenn zum Beispiel der junge Karl-Theodor Maria Nikolaus Johann Jacob Philipp Franz Joseph Sylvester Freiherr von und zu Guttenberg lieber Frisör gelernt hätte als Jura zu studieren, dann wäre das seine freie Entscheidung gewesen, genau wie bei allen türkischen Frisörinnen, von denen absolut keine einzige Wirtschaftminister werden wollte. Es sind auch nur wenige türkische Frisörinnen in der CSU. Übrigens ist Wirtschaftsminister Guttenbergs einzige Erfahrung mit Wirtschaft die Leitung der familieneigenen Münchener Beteiligungsgesellschaft *Guttenberg GmbH*, deren Aufgabe die Verwaltung des eigenen (!) Vermögens ist. Aber da er nach wie vor stinkreich ist, hat er das eigene Vermögen wohl gewinnbringend verwaltet. So jemanden brauchen wir als Wirtschaftsminister in Krisenzeiten, und nicht etwa eine arbeitslose türkische Frisörin, die von 345 Euro Hartz IV ihren gesamten Lebensunterhalt be-

streitet, Miete, Kleidung, Essen und Transport; so was ist ja keine Kunst.

Entgegen aller gegenteiligen Behauptungen – Deutschland bereitet seine Migrantinnen schon von Kindesbeinen bestens auf alles Kommende vor. Mich zum Beispiel. Nach einer Kindheit auf einem indischen Dorf ging ich auf eine katholische Grundschule in einer rheinischen Großstadt, Ende der 60er, Anfang der 70er Jahre. Das deutsche Bildungssystem war ganz weit vorne im Bereich ›Systematischer Kulturschock‹. Niemand beabsichtigte, irgendwen zu integrieren. Gastarbeiter waren schließlich Gastarbeiter. Also gab es eine Klasse für deutsche Kinder, eine Klasse für griechische Kinder, und eine Klasse für Jugoslawen. Natürlich war das keine Apartheid, sondern man weiß ja, dass Ausländer am liebsten mit ihren Landsleuten zusammen sind, und das gilt auch für Sechsjährige. Die Klassen hatten untereinander keinen Kontakt, bis auf die Pause. Nicht, dass wir miteinander gespielt hätten. Aber wenn die Glocke läutete und wir uns in Zweierreihen aufstellen mussten, dann kam größere Nähe auf: Dann bespuckten sich die griechischen und jugoslawischen und deutschen Kinder nämlich. Wenn man dicht beieinander in Reihen steht, trifft man wesentlich besser. Ich ging in die deutsche Klasse. Im Nachhinein denke ich, das war in Ermangelung einer indischen Klasse, und weil ich Deutsch sprach und kein Griechisch oder Serbokroatisch (das war damals noch eine einzige Sprache). Aber wenn es ans Spucken ging, dann zeigte sich meine unstabile deutsche Identität, weil es mir irgendwie diffus unangenehm war, die griechischen Kinder anzuspucken. Damit ich nicht zum Zurückspucken provoziert wurde, versuchte ich also, gar nicht erst angespuckt zu werden, was nicht einfach ist mit 30 Zentimeter Abstand.
Irgendwann war die Grundschule dann vorbei (mit mir als einziger Repräsentantin der restlichen Welt in der Klasse), dann ging's ins Gymnasium (mit mir als einziger Repräsentantin der

restlichen Welt in der Klasse), und irgendwann war das Gymnasium dann vorbei, und die Universität war überraschenderweise nicht mehr homogen weiß/deutsch. Es gab nicht einmal parallele Griechen- und Jugoslawenseminare, mit denen man sich in der Studentencafeteria angespuckt hätte. Also nicht alle Dinge, die man in der Grundschule lernt, braucht man im späteren Leben. Das gilt übrigens auch fürs Häkeln.

Irgendwann war die Uni dann auch vorbei, und da stand die Frage im Raum, in welchem Job ich arbeiten würde. Sicher, es gibt Statistiken, die belegen, dass die Arbeitslosenquote bei zugewanderten Akademikern mehr als doppelt so hoch ist wie bei hier geborenen Akademikern, nämlich 18,9% zu 8,1%. Aber das spiegelt nur eine negative Haltung zu den freien Wahlmöglichkeiten in diesem Land wider, denn eigentlich kann jeder werden, was er oder sie will. *You can do it if you really want to.* Genau wie in Amerika.

Ich jedenfalls wollte gerne Journalistin werden, und als Vorbilder gab's da, na ja, es gab damals – wir reden hier von den 80er Jahren – eine einzige indische Frau in den deutschen Medien, nämlich die NDR-Journalistin Navina Sundaram. Super Frau, solide Journalistin, also ein glänzendes Beispiel für jede indodeutsche Jungjournalistin. Leider damals die Einzige. Später kam noch die pakistanische Journalistin Roshan Dhunjibhoy hinzu. Wow, *zwei*! Unglaublich! So was ist ungeheuer motivierend. Heute hingegen findet man asiatischstämmige Journalistinnen an jeder Ecke, also zum Beispiel…, ich überleg mal kurz…aber so auf die Schnelle… – also, Navina Sundaram arbeitet ja nach wie vor…und da ist ja noch Ranga Yogeshwar, der zwar strenggenommen keine Frau ist, aber immerhin ein Indo-Luxemburger…und da ist der Typ, der Pseudo-Wissenschaften bei Pro7 präsentiert, der kommt auch irgendwo aus dieser Gegend, und…ach ja, all die Jungs und Mädels bei VIVA und MTV. Ich danke den Musikkanälen! Unsere Kinder wissen zumindest, dass sie – egal welche Hautfarbe sie haben – Ansager von Musikvideos werden können. Das ist doch auch schön.

Mindestens jeder fünfte Deutsche hat eine Zuwanderungs-
geschichte, hingegen nur jeder fünfzigste Journalist... Aber
nein, jetzt bin ich wieder so negativ! Es gibt sie doch, ja ja,
Birand Bingül in der ARD, Dunja Hayali und Cherno Jobatey
im ZDF, oder Yared Dibaba im NDR. Massenhaft, ganz offensichtlich. Man braucht ja auch Leute, die erster Hand aus den
Hassprediger-Moscheen berichten können, mit schönen Bil-
dern von den aufgerichteten Hintern der betenden Männer.
Für Steuerpolitik oder Parlamentsberichterstattung gibt's ja die
deutschen Journalisten.

Und ich hab's ja auch geschafft. Außerdem ist es schön zu wissen,
dass man eine von ganz wenigen Auserwählten ist, die Journalistin werden konnten, und dass man nicht einen der klassischen Migrantinnen-Berufe hat, wie zum Beispiel Frisörin. Auf
diese Weise ist der Journalistenberuf noch etwas Besonderes.

Aber die deutschen Medien sind für unser Thema sowieso
nicht repräsentativ. Man muss sich nur in Frisörläden umgucken,
da gibt's massenhaft berufstätige Frauen mit Migrationshintergrund! Wie Sand im Getriebe! Also bloß nicht kirre machen
lassen von negativen Statistiken. Zum Beispiel, dass nur ein
Prozent der Lehrerinnen ausländischer Herkunft sind, oder
nur 3,6 Prozent der Angestellten im Öffentlichen Dienst. So
was ist unwichtig. Man geht schließlich viel öfter zum Frisör
als zum Finanzamt.

Und was uns Frauen mit Migrationshintergrund angeht – wir
sind schließlich auf alles gefasst. Wir sind extra auf Grund-
schulen gegangen, in denen sich die Kinder verschiedener
Ethnien angespuckt haben; nach so einem Training ist man auf
ein bisschen läppische Diskriminierung bei der Jobsuche nun
wirklich vorbereitet. Außerdem ist es echt selten, dass ein potentieller Arbeitgeber sagt: »Ich will Sie nicht anstellen, weil
Sie Ausländerin sind!« Okay, es ist auch verboten, so etwas so
tun. Deswegen sind Arbeitgeber ja so offen und multikulturell.
Und wenn unsereiner eben nicht in den Betrieb passt oder die
Stelle grade eine Sekunde vor unserer Bewerbung schon ver-

geben wurde – nun, das muss man akzeptieren können. Das gehört einfach zum Arbeitsleben dazu und hat mit weicher Diskriminierung rein gar nichts zu tun.

Es gibt auch richtig positive Statistiken, zum Beispiel, dass in Hessen 28 Prozent der Migranten einen Hochschulabschluss haben – unter den Einheimischen sind es nur 24 Prozent. Gut, das heißt jetzt nicht, dass in Hessen mehr ausländische als deutsche Akademiker einen Job hätten, das würde Roland Koch auch nicht gern sehen.

In den ostdeutschen Bundesländern besitzen sogar 43 Prozent der Zuwanderer die Hochschulreife – der höchste Wert aller Bundesländer. Interessanterweise herrscht dort mit 39 Prozent auch die höchste Erwerbslosenquote unter den Zuwanderern. Bevor jetzt wieder jemand so negativ daherkommt: So was kann viele Gründe haben. Vielleicht braucht man in Ostdeutschland einfach nicht so viele Leute mit Abitur. Wozu auch, bei all den Ein-Euro-Jobs.

Also, es ist Zeit, sich von der negativen Haltung gegenüber den Chancen von Migranten auf dem Arbeitsmarkt zu verabschieden. Möglichkeiten gibt es genug, man muss sie nur zu nutzen wissen. Der junge Karl-Theodor Maria Nikolaus Johann Jacob Philipp Franz Joseph Sylvester Freiherr von und zu Guttenberg ist auch Wirtschaftsminister geworden, ohne irgendwelche Erfahrungen in Wirtschaftsfragen vorweisen zu können – da sieht man, in diesem Land bekommt jeder seine Chance, auch Zuwanderer aus entfernten Alpenregionen! Selbstverständlich könnte hier jeder Wirtschaftsminister werden, auch jemand mit dem Namen Hadschi Halef Omar Ben Hadschi Abul Abbas Ibn Hadschi Dawuhd al Gossarah. Überhaupt kein Problem.

Yes, we Cem!

Ist das nicht wundervoll? Mit dem Wahlsieg von Barack Obama ist ein neues Zeitalter angebrochen. Die Ära des Rassismus und der Vorurteile ist endgültig beendet. Endlich gibt es einen schwarzen Politiker auf der internationalen Bühne, der eine wirkliche Machtstellung bekleidet. Doch ist es nur seiner außergewöhnlichen Persönlichkeit zu verdanken, dass er so hoch gekommen ist, oder hat sich einfach der politische Kontext des Landes verändert, um solch einen Sprung möglich zu machen? Rekapitulieren wir seine Herkunftsgeschichte.

Barack Obama, Sohn eines Kenianers und einer Weißen, geboren und aufgewachsen auf dieser Insel, wie heißt sie noch mal...fängt mit H an...ach ja, Helgoland. Der also auf Helgoland aufwuchs, später in Indonesien zur Schule ging, dann wieder in seine Heimat zurückkehrte, an den renommiertesten Universitäten studierte, Anwalt wurde, und dann als Sozialarbeiter arbeitete, bevor er in die Politik ging.

Nun ist er Bundeskanzler! Der erste Schwarze, der es in Deutschland als Politiker wirklich bis nach ganz oben geschafft hat. Um auf unsere Frage zurückzukommen: ist es nur sein persönlicher Verdienst, oder liegt es daran, dass Deutschland schlicht toleranter, multikultureller und offener geworden ist? Betrachten wir erst einmal das politische Umfeld. Politiker mit Migrationshintergrund sind nichts Neues in diesem Land. Nehmen wir zum Beispiel Sebastian Edathy (SPD), indodeutscher Bundestagsabgeordneter aus Niedersachsen, oder der jemenitisch-deutsche Tarek Al-Wazir, Vorsitzender der Grünen in Hessen, oder natürlich Cem Özdemir, Vorsitzender der Grünen, der Vorzeigetürke schlechthin. Den kennt jeder. Er wurde anno 2008 als erster Politiker mit Migränegrund zum Vorsitzenden einer deutschen Partei gewählt. Ein Türke. Vorsitzender. Einer deutschen Partei. *Und* er schwäbelt.

Vorreiter in Sachen Offenheit gegenüber Ausländern in der Politik ist die CDU, getreu ihren christlichen Grundsätzen, wie sie die Bibel gebietet: »Und wenn ein Fremder bei dir – in eurem Land – als Fremder wohnt, sollt ihr ihn nicht unterdrücken. Wie ein Einheimischer unter euch soll euch der Fremde sein, der bei euch als Fremder wohnt; du sollst ihn lieben wie dich selbst.« (3.Mose 19,33-34) Ich bin sicher, Wolfgang Schäuble liebt Murat Kurnaz wie sich selbst. Er ist ja ein bibelfester Christdemokrat. Die CDU hat im Bundestag zum Beispiel die Irani-deutsche Michaela Noll aus NRW sitzen, die auf ihrer Website aber vorsichtshalber nichts von ihrer binationalen Herkunft erwähnt. Muss sie auch nicht; so was ist in Zeiten eines binationalen Bundeskanzlers Obama völlig nebensächlich. Außerdem hat sie ja keinen erklärungsbedürftigen Namen.

Die CDU verzichtet bewusst auf die automatische Wahlberechtigung von Kindern, die hier geboren werden. Eine Staatsangehörigkeit zu bekommen soll eine bewusste Entscheidung sein – auf beiden Seiten. Aber man muss auch nicht unbedingt den deutschen Pass haben, wenn man hier lebt. Es geht auch so. »Die große Mehrheit der Deutschen ist gegen eine doppelte Staatsbürgerschaft«, sagt Innenminister Wolfgang Schäuble. Wer einen gesicherten Aufenthaltstitel habe, könne auch ohne deutschen Pass mit allen Rechten und Pflichten leben, abgesehen von politischer Teilhabe. (1)

Aha. »Abgesehen von politischer Teilhabe.« Man darf in diesem Land Steuern zahlen, Straßenbahn fahren, bei DSDS mitmachen, aber teilhaben an der Demokratie, das darf man nicht. Demokratie ist eben nicht für alle da, auch wenn manche Leute das zu glauben scheinen. (Selbst bei den alten Griechen durften die Sklaven nicht wählen, und die griechischen Frauen auch nicht, und die Sklavenfrauen doppelt erst recht nicht. Na bitte.) Übrigens haben dieses Jahr zum ersten Mal die Kinder, die in Deutschland geboren werden, *mehrheitlich* Migrationshintergrund. Das heißt, wir werden in Deutschland in rund 18 Jahren die Situation erreicht haben, wo die USA den Statistiken nach erst etwa im Jahre 2040 hinkommt – nämlich dass die Mehrheit der Bevölkerung *nicht* nordeuropäisch-stämmig ist. Die Tatsache, dass diese Kinder in Deutschland geboren werden, verschafft ihnen natürlich noch keinen deutschen Pass. Den können sie dann später beantragen, wenn sie arbeitslos sind und sowieso nichts Besseres zu tun haben.

Von den 612 deutschen Parlamentariern sind elf nicht in Deutschland geboren worden. Wie man sieht, sind Einwanderer ausreichend im Bundestag repräsentiert; mehr als elf Leute braucht man wirklich nicht, um sich um Ausländerbelange zu kümmern. Außerdem ist dies ein klares Zeichen, dass Deutschland offen und tolerant geworden ist. Früher hätten diese Leute nicht mal eine Aufenthaltserlaubnis bekommen.

Jede vierte Familie in Deutschland hat Migrationshintergrund. Aber wahrscheinlich wählen sie lieber weiße Deutsche. Wenn sie denn wählen dürfen.

Es ist jedoch gar nicht notwendig, dass irgendwelche Leute mit komischen Namen Deutsche werden, um dann andere Leute mit komischen Namen zu wählen. Nein, die echten, also die weißen, also die eingeborenen Deutschen, die machen das schon selber: Sie haben gerade einen schwarzen Bundeskanzler gewählt! Internationale Wahlbeobachter wie auch die Bevölkerung selbst waren bis zum letzten Moment skeptisch, ob so etwas überhaupt möglich sei. Es war zwar offensichtlich, dass Barack Obama seine Mitbewerber bei weitem ausstach, dass er intelligent und gebildet war, dass er sich in der Politik wie auch im Beruf nach oben gearbeitet hatte, ohne Geld oder familiäre Beziehungen; das heißt, seine persönlichen Qualifikationen standen außer Frage. Es war offensichtlich, dass er der Beste für dieses Amt war – aber ein *Schwarzer!* Das kann man ja nicht einfach übersehen.

Aber an diesem Punkt zeigte sich, dass viele Beobachter die deutsche Gesellschaft unterschätzt hatten. Die Untersuchung, nach der ein Drittel aller deutschen Jugendlichen ausländerfeindlich ist und jeder siebte ein Rechtsradikaler *(Studie des*

Innenministeriums, veröffentlich März 2009), bezieht sich doch nur auf die wenigen Unverbesserlichen; die Mehrzahl der Deutschen wählte im November desselben Jahres mit klarer Mehrheit Barack Obama zum Bundeskanzler. Sein Slogan vom ›Wechsel‹ traf anscheinend einen Nerv der Bevölkerung, die das ewige Einerlei von »Ausländer müssen sich anpassen, wenn sie in Deutschland bleiben wollen« satt hat. Die Deutschen wollen jemanden, der zu seinen Wurzeln im Ausland steht, der nicht nur vom Osten in den Westen, sondern vom Süden in den Norden gekommen ist, der – wie im Falle Obama – Familie in Kenia und Indonesien hat und obendrein stolz darauf ist! Oder seine Frau Michelle, auch sie ein lebender Beweis, dass Deutschland den Sprung ins 21. Jahrhundert geschafft hat: Eine schwarze Frau, Absolventin von Eliteuniversitäten, die Anwältin einer renommierten Kanzlei ist, die einen hohen Posten bei der Universität innehat, all das ist heutzutage nichts Besonderes mehr in unserem Land. Nicht nur, dass Frauen jede Position offen steht, sondern auch Hautfarbe und ethnischer Hintergrund sind völlig unwichtig. Im Gegenteil, Arbeitgeber wissen interkulturelle Kompetenz zu würdigen: Die Karriere von Michelle Obama ist ein typisches Beispiel. An deutschen Universitäten drängen sich Massen afrodeutscher Frauen, die später mit Sicherheit Führungspositionen in Wirtschaft und Wissenschaft übernehmen werden. Wir leben ohne Zweifel in einer modernen, aufgeschlossenen Gesellschaft. Der Spruch ›Deutschland den Deutschen‹ riecht auf einmal ziemlich verfault, tja, Verfallsdatum war schon 1945. Oder auch Sätze wie »Multikulti ist keine Lösung« (2), geäußert von Innenminister Wolfgang Schäuble genau fünf Tage nach Amtsantritt von Obama, sind ein Relikt einer düsteren Vergangenheit, die Deutschland nun mit Freude hinter sich lässt. Quer durch die Gesellschaft weht ein neuer Wind, ein positives Bekenntnis zur multikulturellen Zusammensetzung Deutschlands, die so brillante Köpfe wie Barack Obama hervorbringt.

Wie, der ist gar nicht von hier? Der ist *Präsident der USA??*
Oh...tut mir leid, kleines Versehen, kann jedem mal passieren.
Schade eigentlich, als Bundeskanzler wäre er...na ja, egal.
Aber kein Problem, so Leute wie Barack Obama gibt es hier in
Deutschland ja massenweise – intelligente, hart arbeitende,
mehrsprachige Männer und Frauen, zweite Generation Ein-
wanderer, mit einer Vision, wie eine bessere Welt aussehen
könnte. Jederzeit kann einer von ihnen Bundeskanzler werden.
Cem Özdemir zum Beispiel. Gut, der ist jetzt in der falschen
Partei, aber nehmen wir mal an, er wäre als junger Mann in
Schwaben statt den Grünen der CDU beigetreten, durchaus
eine nahe liegende Option, wenn man Schwabe ist. Dann wäre
er heute selbstverständlich Parteivorsitzender der CDU und
Bundeskanzler. Keine Frage. Dinge wie ein komischer Name
und potentiell unchristliches Religionsgebaren sind heutzutage kein Problem mehr, siehe Barack Hussein Obama. Der ist
auch noch schwarz, was Özdemir nicht ist...obwohl, richtig
weiß ist der ja auch nicht. Ein Türke halt. Aber, wie gesagt, das
ist in der Welt von heute alles unwichtig; in einer Welt, wo ein
Halbkenianer Präsident der USA wird, da kann ja wohl eine
Schwabentürke Bundeskanzler werden. Yes, we Cem!

(1): http://www.focus.de/politik/diverses/doppelte-staatsbuergerschaft-
schaeuble-lehnt-lockerung-der-regeln-fuer-doppelpass-ab-_aid_317228.html
(2): http://www.spiegel.de/politik/deutschland/0,1518,603306,00.html

Guerilleros erkennt man an den Gummistiefeln

Der stalinistisch-islamistische Kokainmafiosi

Erinnern Sie sich noch daran, an den Stalinisten? Den Kommunisten? Dass der Russe kommt? Die RAF als fünfte Kolonne der DDR? Dass die Mittelstreckenraketen, die Ronald Reagan bei uns aufgestellt hatte, den Kapitalismus vor unseren kommunistischen Nachbarn schützen sollten? Erinnern Sie sich noch daran, wie man nach jeder – sagen wir mal – nonkonformen Bemerkung die freundliche Reiseempfehlung bekam: »Geh doch nach drüben!« Das war zu einer Zeit, als es noch ein Drüben gab, als der Russe noch Kommunist und böse war, und nicht der reiche Heizungsonkel mit dem Erdgas. (Wenn man heutzutage lieber nach drüben gehen will, weiß man gar nicht, wo man hin soll. Venezuela vielleicht?)

Damals jedenfalls, in der guten alten Zeit, als die Welt noch sauber in ›Westen‹ und ›Das Böse‹ eingeteilt war, da gab es für alle innenpolitischen Maßnahmen einen einleuchtenden Grund: Breschnew beziehungsweise BaaderMeinhof. Berufsverbot – Bollwerk gegen die kommunistische Unterwanderung; Rasterfahndung – notwendig gegen die terroristische Bedrohung. Keine Diskussion. So wundervoll einfach war das Leben damals.

Aber dann auf einmal gab es die Mauer nicht mehr, aus zwei Deutschlands wurde eins, der Iwan mutierte zu einem pelzbehängten Kapitalisten mit goldener Rolex, und der Spion, der aus der Kälte kam, bestellte plötzlich einen Martini…gerührt, nicht geschüttelt. Da standen unsere Politiker nun, einsam und verlassen, so ganz ohne Feind: Der Stalinist – ein Turbokapitalist. Die DDR – alles CDU-Wähler. Die RAF – erfolgreich erschossen. Da könnte man ja mal die Sektkorken knallen lassen. Aber das schöne Gefühl, gewonnen zu haben, wollte sich bei unseren Politikern einfach nicht einstellen, denn nun standen sie vor folgendem Problem: Wenn man dem Volk nicht vermitteln kann, dass es bedroht wird, wie soll man denn da ordentlich regieren können? Zum Beispiel einen Großen Lausch-angriff politisch durchsetzen im Bundestag, ohne einen anstän-digen Kommunisten da drüben, wegen dem das ja alles gemacht werden muss?

Das galt übrigens auch fürs Ausland: die USA mussten ja in Lateinamerika weiterhin ihre Diktatoren finanzieren, und um diese Gelder bewilligt zu bekommen, braucht man eben eine kommunistische Bedrohung. Oder irgendeine Bedrohung. Am besten mit Schnurrbart, das wirkt immer bedrohlich.

Einfach war die Lage für die Politiker also nicht, Anfang der 90er, auf einmal so ganz ohne Feind dazustehen, oder nur mit dem Kleinvieh – Taschendiebe, Mafia, Gregor Gysi. Eine Be-drohung musste her, und zwar schnell, bevor sich das Volk so sicher fühlte, dass es möglicherweise die Geheimdienste oder das Militär abschaffen wollte.

Werbefachmann Oskar Lafontaine war es, der mit einem ge-nialen Schachzug aus dem Nichts eine neue Feindfigur kreierte: *Der Asylbetrüger*. Dieser neue Feind bot mehrere Vorteile: erstens, er war noch neu und unverbraucht; zweitens, für ihn zu argu-mentieren brachte niemandem wirkliche Vorteile, er hatte also keine Lobby; und drittens stand kein fremder, bewaffneter Staat hinter ihm. Ein völlig wehrloser Feind – das ist kommu-nikations- und militärtechnisch gesehen wirklich erste Sahne, das war damals mit den Kommunisten nicht ganz so einfach gewesen, die hatten nämlich auch die Atombombe. Das heißt, als deutscher Politiker konnte man ganz ungehindert auf den Asylbetrüger eindreschen und alle Arten von restriktiver Poli-tik durchsetzen – Änderung des Grundrechts auf Asyl zum Beispiel, oder strengere Grenzkontrollen. Der Asylbewerber konnte rein gar nichts dazu sagen, denn er durfte von Gesetzes wegen sowieso nicht mitreden. Und wenn er was sagte, konnte man ihn sofort ausweisen.

Die Zielgruppe dieser Werbekampagne – also die Bundesbürger – sprangen sofort darauf an, setzten Asylbewerberheime in

Brand und skandierten dazu ›Deutschland den Deutschen!‹ Die Presse sekundierte mit Schlagzeilen wie ›Das Boot ist voll!‹, und man konnte endlich wieder in Ruhe durchregieren. Gutes Marketing ist eben alles.

Irgendwann lief sich das reine Asylbetrüger-Argument jedoch tot, beziehungsweise waren eine Reihe Asylanten tot, angezündet eben. So etwas beschädigt das Image im Ausland, wird also von Werbefachleuten nicht gern gesehen. Außerdem hatten irgendwelche pseudointellektuellen Gutmenschen afrikanische Trommelmusik entdeckt und somit auch den afrikanischen Asylbewerber (der so schön trommeln kann), und so wurde das Feindbild leicht erweitert, nämlich zum afrikanischen *drogenhandelnden* Asylbetrüger. Und Drogenhändler mag niemand wirklich, nicht mal die, die jeden Freitagabend ihr Tütchen mit weißem Pulver fürs Wochenende besorgen.

Die USA behalfen sich ähnlich in jenen tristen feindlosen Tagen, in denen die südamerikanischen kommunistischen Guerilleros ihre Gewehre an den Nagel gehängt hatten und unsere befreundeten Militärjuntas von aggressiven Menschenrechtsgruppen bedroht wurden: Man zauberte direkt den ›Drogenhändler‹ aus dem Hut. Ein gelungene Marketingstrategie, die ohne überflüssige Erklärungen den höchst politisch motivierten Kampf gegen südamerikanische Aufständische mit einem christlich-fundamentalistischen Kreuzzug gegen Drogen, Sex und beinahe sogar Rock'n'Roll im heimischen Homeland verband. Die Tatsache, warum in den USA ein Drittel aller weltweit produzierten Drogen konsumiert wird, ist selbstverständlich unwesentlich, denn wenn skrupellose südamerikanische Drogenhändler ihre Ware nicht in den USA anböten, dann würde es dort rein gar keinen Drogenkonsum geben, am Sonntag gingen alle in die Kirche, und Sarah Palin wäre Präsidentin.

Dann kam 9/11, und der Angriff aufs World Trade Center und auf das Pentagon. Es gibt alle möglichen Theorien, wer diese Anschläge begangen haben könnte, und warum. Manche der Theorien klingen sehr wahrscheinlich, andere weniger.

Der Weltöffentlichkeit wurde folgender Tathergang präsentiert: Eine Gruppe von saudiarabischen, nicht-religiösen, Alkohol trinkenden Studenten, die in Europa lebten und wenig bis gar keine Flugerfahrung hatten, steuerten riesige Düsenjets präzise in die Twin Towers, um die USA zu terrorisieren. Eine weitere Absicht außer dem abstrakten Ziel ›Terror zu verbreiten‹ stand nicht dahinter. Wer diese Studenten waren, wusste man schon unmittelbar nach den Anschlägen in New York: Zwar waren die beiden Flugzeuge in einem riesigen Feuerball explodiert, der World Trade Center war mit 3.000 Menschen darin eingestürzt und eine Trümmerwolke verdunkelte ganz Manhattan, aber dank einer glücklichen Fügung fiel der Pass von Mohammed Atta, dem Anführer der Bande, unbeschädigt aus dem brennenden Flugzeug und unbehelligt von den einstürzenden Neubauten auf die Straße, wo ein Polizist ihn fand. So wurden die Attentäter sofort entlarvt.

Diese Theorie ist natürlich die Allerwahrscheinlichste.

Das Wundervolle an diesem Attentat: Es gab wieder einen neuen Feind! Die Verschwörer vom 11.September waren Araber, also Moslems, also fanatische Moslems, und die heißen ab jetzt Islamisten. Das kommt nämlich raus, wenn man ›Islam‹ und ›Fundamentalist‹ kreuzt, klingt auch wesentlich griffiger als ›Fundalam‹. Man kann sie sich vorstellen, Art Director Karl Rove und die Werbetexter im Weißen Haus, wie sie auf die Schnelle, zackzack, für die nächste Pressekonferenz einen griffigen Slogan raushauen mussten:

Die Freiheit unsrer freien Welt/ dem Islamisten/ gar nichts gilt.

Oder:

Fanatisch ist/ der Islamist/ dem Schweinehack/ ein Gräuel ist.
Vor Alkohol/ er sich sehr graut/ und deshalb eine Bombe baut/
den Gürtel zündet/ es macht bumm/ doch Bush der Kleine/ gar nicht dumm/
macht im Irak/ den großen Krieg/ nun ist Osama/wieder lieb.

Das neue Feindbild war geboren: Der Islamist. Ein mittelalterlicher, barttragender, bombenlegender Fanatiker, bis an die Zähne bewaffnet, vor allem mit einem Koran.

Interessant übrigens die sprachliche Mischformen, die sich in Deutschland unter den Politikern etabliert haben: Islamistischer Fanatiker oder integrationsunwilliger Islamist, der seine Frau unters Kopftuch zwingt.

Sicher, da gibt's jetzt viele Leute, die ›Islamist‹ mit ›Moslem‹ verwechseln, aber halb so wild. Islamisten sind ja schließlich Moslems, und jeder Moslem ist ein potentieller Islamist, da braucht man ihm nur mal auf die Füße zu treten, da macht er schon auf Bin Laden. Diese Leute werden unglaublich schnell aggressiv, kaum besetzt man ihr Land und holt sich das Öl raus für lau, stehen sie alle da mit Sprengstoffgürteln und machen Selbstmordanschläge. Hat aber auch wieder sein Gutes – bei jedem Selbstmordanschlag gibt's einen weniger von denen. Saddam Hussein, der im Irak zwar ein Terrorregime betrieb, jedoch ein völlig a-religiöses, konnte trotzdem als Islamist herhalten – er war Araber und hatte einen Schnurrbart, reicht das etwa nicht? Doch, es reichte, auch für die europäischen Verbündeten. Die Tatsache, dass der irakische Boden ungefähr so ölgetränkt ist wie die letzte Portion Pommes nachts um zwei in der Bude um die Ecke, hatte wirklich rein gar nichts damit zu tun.

George W. Bush, der überhaupt noch keinen Krieg führen durfte, seit er Präsident war, ergriff die Chance, die ihm 9/11 bot, und trat den zweiten Irakkrieg los. Aber wieder reagierten diese Araber so schrecklich *emotional*. Kann man nicht mal in Ruhe irgendwo einmarschieren, ohne dass da sofort ein Aufstand losbricht und Autobomben hochgehen? In Grenada damals hat das doch auch geklappt, und in Panama, und die Male davor in der Dominikanischen Republik, und erinnerst du dich, Joe, damals in Haiti…Klar, aber nicht zu vergleichen mit Guatemala…Weißt du noch, wie wir…

Araber hingegen verbrennen schon Fahnen, kaum dass ein viertklassiger dänischer Karikaturist eine viertklassige Mohammed-Karikatur zeichnet. Könnte man auch sagen: Jungs, easy…das ist die Aufregung nicht wert. Aber die Jungs sind von der weltweiten Marketingkampagne gegen sie zu sehr sensibilisiert.

Richtig positiv ist, dass die USA seit Beginn des Islamisten-Werbefeldzugs die Alarmstufe permanent auf orange belassen konnten. Entwarnung gibt's jetzt gar nicht mehr, denn Moslems laufen ja überall rum, das heißt, vom Patriot Act II in den USA bis zum Bundestrojaner bei uns ist jede Maßnahme gerechtfertigt. Was ja der Sinn der Sache war.

Aber dennoch, das mit dem Islamisten hat einen Haken: Sehr viele Moslems weltweit – und es gibt wirklich unglaublich viele von denen – haben die Werbekampagne mit diesem Feindbild völlig falsch verstanden. Die Islamisten-Kampagne ist ein gutes Beispiel dafür, was passiert, wenn eine schöne Marketing-Idee an die falsche Zielgruppe gerät. Die arabische Öffentlichkeit hatte nicht wirklich Verständnis dafür, dass westliche Politiker ab und zu ihrem Wahlvolk Angst einjagen müssen, um effektiv regieren zu können.

Eigentlich war das Ganze ja nur dazu gedacht, die eigene Bevölkerung zu erschrecken, also die Amerikaner oder Europäer, aber in den Zeiten von CNN und Internet kriegen ja immer alle alles mit, und so hörten auch alle Araber und Moslems von der Anti-Islam-Kampagne und wurden böse, was egal gewesen wäre, wenn sie nicht gerade in Ländern wohnten, wo es richtig viel Erdöl gibt. Auf Dauer ist es aber ungünstig, sich mit ölgetränkten Moslems anzulegen, wenn man weiterhin ein SUV fahren will; das wurde in den letzten Jahren auch den Werbestrategen im Weißen Haus klar.

Dann aber hatte George W. Bush die zündende Idee – ach nee, das kann nicht sein…wohl eher Dick Cheney oder irgendwer sonst – die Marketing-Abteilung des State Departments wahrscheinlich, irgendein unterbezahlter Werbetexter in dem Bereich Brand Management, Büro für Feindbildbearbeitung. Die großartige Idee lautete: Wir nennen ihn einfach *Terrorist*. Ohne genauere ideologische, religiöse oder geographische Zuordnung. Ein Terrorist macht Terror, weil er ein Terrorist ist, Schluss, aus. Nicht, weil er gegen die bestehende Gesellschaftsordnung kämpft oder weil er gerne einen theokratischen Staat hätte, oder weil er sich gegen irgendeine Invasion wehrt; es geht ihm nicht mal ums Geld. Nein, ein Terrorist macht Terror, weil es zu seiner Berufsbeschreibung gehört. Das muss man sich erst mal auf der Zunge zergehen lassen. Eine unglaublich simple, aber durchschlagende Werbeidee. Nun muss man sich auch nicht dauernd neue Namen für den Feind einfallen lassen. Und das Praktische ist, unter ›Terrorist‹ kann man alle einordnen, die einem nicht passen. Notfalls – wie während des Wahlkampfes 2008 in den USA – sogar den Präsidentschaftskandidaten der oppositionellen Partei. Dumm nur, wenn das dumme Volk ihn trotzdem wählt. Dumm gelaufen.

Trotzdem – *Der Terrorist* ist ein geniales Branding. Werbefachleute schlagen ihn für ihre brancheninternen Preise vor, und ausländische Diktatoren versuchen verzweifelt, ein ähnlich schlagkräftiges Feindbild zu entwerfen; ›westlicher Kapitalist‹ oder ›schweinefleischessender Ungläubiger‹ ist einfach zu schwach.

Der Terrorist erfüllt alle Anforderungen für eine perfekte Marke: Die Definition des Produktes ist weit gefasst – Islamisten fallen darunter, die Linke, sogar Greenpeace, wenn nötig. Dann ist die Projektionsfläche groß und in höchstem Maße zielgruppenkompatibel. Das Beste: es ist überflüssig geworden, seinen Feind alle paar Jahre neu zu definieren, nur weil sich die politischen Gegebenheiten verändert haben. Hört mal, ihr Kommunisten, Asylbetrüger, Drogenhändler, Islamisten, geht nach Hause, lasst euch pensionieren, benutzt euren Flammenwerfer fürs Grillen, ihr habt alle ausgedient! Das Feindbild-Marketing muss nicht mehr permanent überarbeitet werden; die Pressesprecher müssen sich nicht mehr dauernd neue Slogans ausdenken wie ›Deutschland den Deutschen‹, ›America is under attack‹ oder ›Kinder statt Inder‹.

Hier ist eine großartige Marke geschaffen worden, die bestimmt ähnlich langlebig ist wie die Tagesschau, Coca-Cola oder Heino. Mit einer einigermaßen konsequenten Markenführung sollte es wegen fehlender Feindbilder keine Probleme mehr geben. Kosten für teure Werbeagenturen und aufwendige Promotionkampagnen werden gespart, denn *Der Terrorist* ist ja als Produktname bereits erfolgreich in den Markt eingeführt. Es gilt nur, ab und zu daran zu erinnern, dass es ihn gibt. Dazu braucht man aber keine Werbefachleute; es reicht, dass der Innenminister (oder wahlweise der Chef des Bundesnachrichtendienstes) eine Pressekonferenz gibt und behauptet, aus Sicherheitsgründen anonym bleibende Sicherheitsexperten hätten sichere Anzeichen entdeckt, dass ein möglicher Terroranschlag möglicherweise möglich werden könnte, und deswegen sei der Alarm von Orange auf Rot hoch gestuft worden, man könne nicht vorsichtig genug sein, diese Terroristen schrecken vor nichts zurück…und als begleitende Maßnahme werde man ein kleines bisschen vorbeugend ein paar Telefone abhören. Das leuchtet allen sofort ein.
Genial.

Hey – wer sind Sie denn? Wie kommen Sie hier rein? Was wollen Sie von mir? Ach so. Könnte ich bitte Ihren Dienstausweis –Was soll das heißen: ›*Ich* stelle hier die Fragen‹? Ja, natürlich habe ich gesagt ...Was, sind Sie verrückt geworden? Ist mir doch egal, was Schäuble dazu sagt. Wie, Unterstützung einer terroristischen Vereinigung? Lassen Sie mich los! Das hab ich doch nicht im Ernst gesagt! Das war ein Witz! Hören Sie – ein *Witz*!! Ich erklär's Ihnen – Witze, das sind – –

Azubi bei Al-Qaida

Menschen haben die seltsamsten Berufswünsche. Sie wollen zum Beispiel Finanzbuchhalter werden, oder Hausfrau, oder – mitten in einer weltweiten Wirtschaftskrise – sogar Präsident der USA.

Ebenfalls eigenartig sind die Berufe, die bevorzugt von Menschen gewählt werden, die anscheinend eine extrem kurzfristige Lebensplanung haben: Sänger einer Boygroup, Bodyguard von Mafiabossen – oder Selbstmordattentäter.

Als erfolgreicher Finanzbuchhalter oder gut bezahlte Hausfrau fragt man sich doch, warum ein junger Mann – sagen wir mal, aus dem Libanon – lieber Attentäter werden möchte als beispielsweise Automechaniker. Wundert sich niemand im örtlichen Arbeitsamt in Beirut, wenn dieser junge Mensch – nennen wir ihn mal Ahmed – als Wunschkarriere den Beruf ›Terrorist‹ angibt? Sagt ihm da niemand: Möchtest du nicht lieber ein einflussreicher Politiker, ein berühmter Künstler oder ein gefürchteter Steuerfahnder werden? Bietet man ihm keine Alternativen, etwa den Beruf des Unternehmensberaters, wo besagter Ahmed eine Menge Schotter verdienen würde und in 5-Sterne-Hotels übernachten dürfte? Nein, anscheinend schickt der Sachbearbeiter des Arbeitsamtes Süd-Beirut unseren jungen Ahmed nach Hause mit den Worten, »Da sind wir nicht zuständig. Wenn du schon Terrorist werden willst, wende dich an al-Qaida, die bieten Schnupperkurse für Interessierte an.« Mit anderen Worten: Irgendwas stimmt nicht an der arabischen Arbeitsmarktpolitik.

Das gilt übrigens nicht nur für die arabischen Länder. Arabische Attentäter sind nur deshalb eher in den internationalen Nachrichten zu finden, weil sie bevorzugt Ziele wie US-Soldaten ins Visier nehmen. Alle anderen Attentäter, Terroristen und Guerilleros, die sich hauptsächlich an der Bevölkerung ihres eigenen Landes abarbeiten, sind zwar weniger medienpräsent, aber ihre Bomben sind nicht minder eindrucksvoll. Auch hier fragt man sich: Warum empfehlen die einheimischen Berufsberater den jungen Menschen nicht lieber Karrieren, bei denen man länger lebt, so dass sich die Rentenbeiträge auch lohnen?

Nehmen wir zum Beispiel Kolumbien. Die kolumbianische Guerilla ist seit 50 Jahren nicht imstande, ihren Kampf zu gewinnen und die Herrschaft im Lande zu übernehmen – sie ist also kein wirklich erfolgreiches Unternehmen, aber anders als die katholische Kirche hat sie dennoch keine Nachwuchssorgen. ›Was machen wir falsch‹?, fragt sich da der Vatikan. Wieso kommen zu uns nicht annähernd so viele junge Männer, um Priester zu werden? Lieber Papst Benedikt: Abgesehen von dem Offensichtlichen – wer möchte schon auf Dauer ohne Sex leben oder nur auf Messdiener angewiesen sein – ist das ganz simpel: Die Guerilla ist ein vorbildlicher Arbeitgeber. Chancengleichheit wird groß geschrieben – 40 Prozent der kolumbianischen Guerilleros sind Frauen (ungelogen, das ist wirklich wahr!) –, und außerdem ist die FARC ein Ausbildungsbetrieb. Man kann mit 16 Jahren ohne Hauptschulabschluss dort anheuern und bekommt trotzdem die Chance, ein international gesuchter Terrorist zu werden. Welches andere Unternehmen bietet schon ähnliche Aufstiegschancen?
Außerdem stellt dieser großzügige Arbeitgeber die Verpflegung (zugegeben, viele der Nachwuchskräfte waren in ihrem zivilen Leben nicht gewohnt, täglich zu essen), die Kleidung ist ebenfalls gratis – alles in hübschem Olivgrün –, und das Unternehmen stellt natürlich auch das notwendige Arbeitsgerät, also die Waffen. Dann gibt es noch etwas ganz Wichtiges für jeden kolumbianischen Guerillero: die Gummistiefel! *Das* ist nämlich das untrügliche Kennzeichen der Guerilla. Wenn man im kolumbianischen Dschungel auf Bewaffnete trifft, gegen die Rambo wirkt wie Zehnjähriger mit einer Wasserpistole, dann weiß man erstmal nicht, wenn man vor sich hat, es gibt

ja massenweise bewaffnete Gruppen. Es ist aber relativ ungünstig, nicht zu wissen, mit wem man es zu tun hat, wenn dein Gegenüber ein Maschinengewehr in den Händen hält. Aber ein Blick auf die Schuhe klärt alles. Wenn die betreffende Person selbst in der schwülsten tropischen Hitze Gummistiefel trägt, dann weiß man: es ist die Guerilla. Nur diese stattet ihre Kämpfer – aus Budgetgründen, nehme ich mal an – mit diesem recht unpassenden Schuhwerk aus. Wenn die US-Armee erstmal dahinter kommt und auf ihr Arsenal an biologischen Waffen zurückgreift, dann war's das mit der kolumbianischen Revolution: Massiver Fußpilz-Angriff! Gnadenlose Schweißfuß-Offensive! Geheime Blasen-Unterwanderung!

Apropos biologische Waffen, und apropos Kolumbien: dort findet seitens der US-Regierung ein Krieg gegen die Zivilbevölkerung statt, der seit dem Vietnamkrieg seinesgleichen sucht. Nur dass er nicht im Zentrum der medialen Aufmerksamkeit steht.

Alles begann damit, dass amerikanische Hippies vor vielen Jahren diverse ausländische Pflanzen zum Inhalieren, Schnupfen und Injizieren entdeckten. Die schönen Effekte dieser Substanzen überzeugten schnell weite Teile der US-Bevölkerung. Sie waren nun nicht mehr auf simplen Alkoholismus angewiesen, um das Leben überstehen zu können, und zeigten sich den neuen Importen gegenüber sehr aufgeschlossen. Da dort aus irgendeinem obskuren kulturellen Grund die Drogen Alkohol und Tabak legal sind, andere Drogen hingegen nicht, sahen sich die amerikanischen Behörden gezwungen, dagegen vorzugehen. Nein, natürlich nicht gegen das Bedürfnis ihrer eigenen Bevölkerung, sich zuzudröhnen, sondern gegen die Produzenten dieser illegalen Ware, die im Ausland saßen, wo bekanntermaßen Chaos und Anarchie herrschen. Also wurde unter der Regierung Clinton eiligst der so genannte *Plan Colombia* entworfen, mit weit reichenden Konsequenzen... So mussten die südamerikanischen Bauern eines Morgens zu ihrem Erstaunen feststellen, dass sie plötzlich Teil einer internationalen Verschwörung waren, welche darin bestand, dass kolumbianische Kokainkartelle US-amerikanischen Werbetextern und Popstars zwangsweise Koks in die Nase bliesen. Der Kampfruf des *State Departments* lautete: ›Südamerikanische Drogenhändler korrumpieren unsere US-amerikanische Jugend. Legen wir ihnen das Handwerk!‹

Folgerichtig tauchten Sikorsky Kampfhubschrauber mal kurz mit freundlichen Grüßen vom *State Department* bei den kolumbianische Bauern auf und warfen ein paar Bomben und etwas Giftgas in deren Gärten, um die Cocasträucher zu vernichten, deren Blätter die Indios traditionell zur Bekämpfung des Hungergefühls und gegen die Höhenkrankheit kauen. Von der Tatsache, dass die meisten kolumbianischen Kleinbauern Cocasträucher bestenfalls zum Eigenbedarf anpflanzen, ließen sie sich nicht weiter irritieren. Könnte ja jeder behaupten, dass er aus den Cocablättern Tee machen wollte – schließlich braucht man lediglich ein paar geheime Labors, nur einige Tonnen Chemikalien, ein simples internationales Transportsystem und ein klitzekleines Herr von Auftragskillern, und schon kann man die amerikanische Jugend mit Unmengen Kokain vollpumpen. Das alles fängt mit einem einfachen Cocastrauch an – deswegen, so die Argumentation von Clinton und später Bush im *Plan Colombia,* ein paar Giftattacken zur rechten Zeit, und schon ist der Cocastrauch im Garten des kolumbianischen Bauern platt. Auch der Bananenbaum und der Esel und die Kinder, aber das sind eben Kollateralschäden. Das muss man im Kampf gegen die Drogen schon in Kauf nehmen.

Praktischer Zufall übrigens, dass es in Kolumbien so viele unerschlossene Ölfelder gibt. Jetzt, wo die Bauern alle wegziehen – nur wegen den paar Giftgasangriffen – da ist auf einmal schön viel Platz für Ölbohrungen. Und man muss niemandem das Land abkaufen, die sind ja alle freiwillig weggezogen. Die Guerilla ist ebenfalls ungern in vergifteten, entlaubten Wäldern unterwegs; das heißt, man muss auch nicht befürchten, dass die Ölpipelines gesprengt werden, und die Narcos stören sich bei ihren Kokaintransporten nicht an den Ölbohrungen. Man teilt schließlich denselben Feind, und, na ja, eine Hand wäscht die andere…

Das überrascht Sie, dass es in Kolumbien Erdöl gibt? Ja, weshalb sonst würde das *State Department* wohl Milliarden Dollar für militärische Aktionen in dieser Region ausgeben? Andere Länder in Lateinamerika produzieren schließlich ebenfalls Coca, und werden trotzdem in Ruhe gelassen. Sie haben halt kein Erdöl.

Dieser jahrzehntelange Bürgerkrieg hat natürlich auch Auswirkungen auf die kolumbianische Arbeitsmarktlage, vor allem auf dem Land. Wenn man Freude an Gewehren und Explosionen hat und eine eindimensionale Auffassung von Gut und Böse, dann findet man als junger Mensch ein erfülltes Leben bei Polizei und Militär, oder bei einer der vielen bewaffneten Gruppen. Wer das aber nicht möchte, oder eine Frau ist, der – oder die – hat es schwierig.

Das heißt, eine 15-jährige Kolumbianerin aus einem kleinen Urwalddorf hat folgende Karriereoptionen: Erstens, Mutter. Das heißt, mit 20 Jahren wird sie dann vier Kinder haben, und mit 24 acht Kinder, falls sie nicht vorher bei einer Geburt stirbt, denn ein Krankenhaus gibt es im Dorf natürlich nicht. Zu der Joboption ›Mutter‹ gehört: Heirat mit einem Bauern, Hunger, harte Arbeit, hungernde Kinder. Zweite Option: Mutter, und Heirat mit einem Arbeiter von den Ölfeldern, der dann bei einem Arbeitsunfall am Bohrturm stirbt, selbstverständlich ohne dass seine Witwe eine Entschädigung bekommt; es folgen Hunger, harte Arbeit etc. (siehe oben). Dritte Option: Mutter, und Heirat mit einem Soldaten, der dann bei einem Kriegseinsatz stirbt, selbstverständlich ohne dass seine Witwe eine Entschädigung bekommt; es folgen Hunger, harte Arbeit etc. (siehe oben). Vierte Option: Guerillera. Genug Essen, eigener Sold, Verhütungsmittel, Unabhängigkeit, Respekt und Aussicht auf Beförderung.

Bei diesen interessanten Optionen fällt die Wahl natürlich schwer.

In den arabischen Ländern gibt es ebenfalls verantwortliche Unternehmen, die sich um Ausbildung und Nachwuchsförderung kümmern. Al-Qaida beispielsweise ist ein großzügiger Arbeitgeber, der sich auf internationaler Ebene in diesem Bereich auszeichnet. Seine Partner vor Ort kümmern sich um interessierte junge Menschen und helfen ihnen, ihre Bestimmung zu finden.

»Ausbildung schafft motivierte Mitarbeiter, sichert den zukünftigen Fachkräftebedarf und stärkt damit die Zukunftsfähigkeit der Wirtschaft und unserer Gesellschaft«, sagt Bin im Laden, der Sprecher des Attentäterverbandes Westjordanland. »Schon jetzt suchen viele Betriebe des Wirtschaftsraumes Fachkräfte. Wer also jetzt nicht ausbildet, darf in Zukunft über Fachkräftemangel nicht klagen.« Stolz zeigt er die Werkstätten, in denen ehrgeizige junge Menschen Drähte an Sprengladungen löten, Handgranaten polieren, und Abschiedsbotschaften auf Video aufzeichnen. Alles Azubis von al-Qaida, einem Unternehmen, dem die Nachwuchsförderung am Herzen liegt.

Aber das sind die Bananenrepubliken in Lateinamerika und die islamischen Fanatiker im Nahen Osten.
Im Vergleich dazu ist die deutsche Arbeitsmarktpolitik vorbildlich. Jugendliche ohne Schulabschluss werden mittels spezieller Förderprogrammen aufs Berufsleben vorbereitet; Unternehmen werden mit finanziellen Hilfen unterstützt, um eine maximale Zahl an Ausbildungsplätzen zu schaffen; jede Art von privater Initiative und Arbeitslosenprojekt wird großzügig finanziell gefördert; und unser Land kann stolz darauf sein, dass das wertvolle Humankapital, das junge Menschen darstellen, nicht ungenutzt bleibt. Jugendarbeitslosigkeit zero. Gerade Schulabgänger aus Migrantenfamilien werden mit einer speziellen Aufmerksamkeit gefördert, mit Kursen und Pro-

grammen, die speziell auf ihre Bedürfnisse zugeschnitten sind und sie optimal auf das Arbeitsleben vorbereiten. Dank den Antidiskriminierungsgesetzen wird konsequent gegen jede Benachteiligung von Jugendlichen mit Migrationshintergrund auf dem Arbeitsmarkt vorgegangen. Presse und Politik würdigen insbesondere die kulturelle und religiöse Vielfalt, die junge Menschen mit Migrationshintergrund in die Gesellschaft einbringen. Die Beschäftigungsrate von Schulabgängern aus armen Familien und/oder Minderheiten entspricht prozentual genau ihrem Anteil an der Gesamtbevölkerung. In ihren Wunschberufen entwickeln junge Menschen Selbstbewusstsein und Stolz auf ihr eigenes Können, und – ganz wichtig! – sie bekommen das Gefühl vermittelt, dass die Gesellschaft sie braucht.

Deswegen haben in Deutschland weder Guerillagruppen noch al-Qaida auch nur die allergeringste Chance, Azubis für ihre Ausbildungsprogramme zu finden.

Bankrotte Omas mit Schlagstöcken

Ja, ich weiß, Schadenfreude ist nichts Schönes. Und doch gibt es Situationen, in denen ich eine aufrichtige Genugtuung über den Schaden von anderen empfinde. Nein, nicht bei der ›Pannenshow‹, auch nicht bei DSDS. Sondern bei der jüngsten Bankenkrise. Wie ging es Ihnen dabei? Haben Sie einige Milliarden in Aktien verloren, können sich aber noch beruhigt auf Ihre geheimen Konten in Liechtenstein verlassen? Oder haben Sie mit klammheimlicher oder offener Freude zugesehen, wie Investmentbanker und Hedgefondsmanager über Nacht jäh verarmten und jetzt an ihrer letzten Million knabbern? Die Zweitvilla und den Drittporsche verkaufen müssen? Schadenfreude ist was Wundervolles, wenn man zuschauen kann, wie Heuschrecken, Kredithaie, Pleitegeier, Platzhirsche und eine Menge anderes Kroppzeug, das sich für Alphatiere hält, ruckzuck den Bach runtergehen. Und sich plötzlich auf demselben finanziellen Niveau wie unsereins wiederfindet. Das nennen sie dann Krise. Ich nenne das: normales Leben.

Der kleine Haken an der ganzen Geschichte ist, dass diese Banker, die sich da in großem Stil verspekuliert haben, nicht etwa mit ihrem eigenen Geld zocken, sondern mit unser aller Ersparnissen, Renten und Krediten. Das heißt, wir sind alle davon betroffen, ob wir wollen oder nicht, und da kann man auch die schönste Schadenfreude nicht mehr so richtig auskosten. Wenn unfähige Bankmanager eine Bank in den Ruin treiben, dann sind alle ruiniert, die dort ihr Konto haben, bis zur letzten Oma, die dummerweise nicht an der gesunden Tradition des Sparstrumpfes festgehalten hat.

Wir stehen vor einer internationalen Wirtschaftkrise, die von geldgierigen Spekulanten in den USA ausgelöst wurde. Möglich ist das nur, weil vor allem in den USA, aber auch anderswo, die staatliche Kontrolle über die Banken und Finanzinstitutionen in den letzten Jahrzehnten immer mehr aufgeweicht wurde. Hintergrund dafür ist ein blindes Vertrauen auf den Kapitalismus, übrigens vollkommen irrational, denn den Kapitalismus gibt es erst seit 1842, und er hat seitdem schon einige große Krisen durchgemacht – die große Depression 1929 zum Beispiel, die Neuordnung der Weltwährung 1946, die Asienkrise 1997 und noch einige mehr. Jedes Mal mussten staatliche Institutionen einspringen, um das wacklige System zu stützen. Der selbstregulierende freie Markt ist also nachweislich alles andere als stabil. Abgesehen davon hat das nunmehr fast weltweite kapitalistische System weder Hunger noch Armut beseitigen können, ganz im Gegenteil. Weswegen die meisten Westler dennoch fest davon überzeugt sind, dass nur und ausschließlich dieses System das beste aller möglichen Wirtschaftssysteme sei, ist ein Rätsel. Aber es soll auch viele Leute geben, die an das Weiterleben nach dem Tod glauben, oder an die Brigitte-Diät.

Die internationale Wirtschaftkrise 2008/2009 kam für die westliche Welt als ein großer Schock, denn seit 1929 denkt man hier, so etwas könne nie wieder passieren. In verschiedenen Staaten Afrikas, Asiens und Lateinamerikas haben die Menschen jedoch andere Erfahrungen gemacht, und zwar durchaus auch in jüngster Zeit. Übrigens nicht notwendigerweise, weil ihre Regierungen unfähig waren, oder jedenfalls nicht nur deswegen. Manche Länder, wie Argentinien beispielsweise, haben als Testland für neoliberale Wirtschaftsexperimente des Internationalen Währungsfonds herhalten müssen, mit unangenehmen Folgen. Nicht für den IWF, natürlich.
Genau deswegen haben Argentinier dieser Tage ein Gefühl des *déjà vu*. Fernsehberichte aus England und den USA, wo verzweifelte Sparer vor bankrotten Banken Schlange stehen, um ihr Geld vom Konto zu retten, all das erinnert Argentinier an die Krise vom Dezember 2001, als in diesem Land die Konten eingefroren wurden, Banken zusammenbrachen und es auf einmal kein Bargeld mehr gab. Die Nachrichten von einer in-

ternationalen Wirtschaftkrise entlockt Argentiniern heute lediglich ein müdes Lächeln. Banken, die Pleite gehen? – haha, kennen wir. Die Landeswährung ist nichts mehr wert? – kalter Kaffee. Das Leben ohne Geldverkehr regeln? – eine unserer leichtesten Übungen.

Argentinien war in den 40er Jahren der fünftreichste Staat der Erde. Das Land hat gigantische fruchtbare Ackerbauflächen, eine lange fischreiche Küste, Mineralien, Erdgas und Erdöl, eine moderne heimische Industrie und eine relativ fortschrittliche Gesetzgebung. Im Prinzip könnte es autark sein, was es lange Zeit auch war. Häufige Diktaturen und deren Misswirtschaft und Korruption verschuldeten jedoch das Land. Als 1983 endlich wieder eine demokratische Regierung das Ruder übernahm, entschied sie sich dafür, die von einer illegalen Militärregierung aufgenommenen Kredite trotzdem zurückzuzahlen. Plus Zinsen. Ein großer Fehler: Das Land geriet in eine Schuldenspirale und durchlief eine Sozialreform nach der anderen, immer brav nach dem Rezept des IWF, bis die Bevölkerung völlig verarmt und der Staat bankrott war. Als letzte Notbremse fror die Regierung im Dezember 2001 die Konten ein, um den *cash drain*, also den Abfluss der Devisen ins Ausland zu stoppen.

Wer das noch nicht erlebt hat – ich schwöre, das ist eine ganz eigenartige Erfahrung. Du weißt, dass du Geld auf dem Konto hast, aber du kannst nicht dran! Du sparst jahrelang, siehst das Konto auf dem Bankauszug wachsen, größer werden, pubertieren, sein Abi machen, und wenn es gerade soweit ist, dass du stolz darauf bist, wie groß es nun ist, dann fällt irgendeinem idiotischen Wirtschaftminister in diesem Land plötzlich ein, die Konten einzufrieren, um liquide für die Rückzahlung der Staatsschulden zu sein.

Du stehst vor dem Bankautomaten, du hast genug Geld auf dem Konto, aber der Automat spuckt nichts aus. Nach ein paar Tagen hast du dann auch kein Geld mehr im Portemonnaie. Und dann??

Die Erfahrung, dass Geld unter dem Kopfkissen sicherer ist als in der Bank, ist wertvoll für eine Art instinktiver Kapitalismuskritik. Ebenso die Situation, im Bewusstsein eines vollen Bankkontos zur Bank zu gehen, die dir einfach dein Geld nicht hergibt. Es gibt keine bessere Art, um zu verstehen, dass Geld virtuell ist; ein bestimmter Wert, der buntem Papier zugeordnet wird, weil man sich darauf geeinigt hat. Und in manchen Situationen gibt es nicht mal buntes Papier, und die Zahlen auf dem Konto sind nicht mehr als das: nur Zahlen.

Dann muss man sich auch an den Gedanken gewöhnen, allein für sich zu sorgen, wenn man alt ist, das Konto wird es jedenfalls nicht mehr tun, und die Rentenkassen sind – wie alles andere – schon längst zahlungsunfähig. Da betrachtet man seine Kinder auf einmal mit ganz anderen Augen, und wünscht sich, man hätte ein Dutzend mehr…

Anders als die US-Amerikaner, die ihre Wirtschaftskrise vor dem Fernseher aussitzen, zogen die Argentinier in Dauerdemonstrationen auf die Straße, belagerten die Banken, die daraufhin ihre gesamten Fassaden verschalen mussten, und jagten den Präsidenten aus seinem Amt, und seine Nachfolger ebenfalls. Um den Jahreswechsel 2001/2002 hatte Argentinien sage und schreibe fünf Präsidenten in zehn Tagen. Das ist Weltrekord – und es zeigt, dass hier eine Bevölkerung die Demokratie tatsächlich sehr ernst nimmt. Das Volk sind wir, sagten die Argentinier, beziehungsweise hieß der Slogan damals, *que se vayan todos*: Sie sollen alle abhauen. Demokratie ja, aber Politiker nein. Ein kompliziertes Konstrukt, das aber seinen Reiz hat, das muss man zugeben.

Trotzdem, mit oder ohne Präsidenten, das Land war finanziell und wirtschaftlich zusammengebrochen; der Geldverkehr stand still. Wie lebt man in so einer Situation?

In dieser Notlage besannen sich die Argentinier auf die Tausende von Jahren, bevor man sich auf Gold oder Kaurimuscheln oder Kühe als Währung geeinigt hatte; da hatte die

Wirtschaft nämlich trotzdem funktioniert: mit Tauschhandel! Also kam man im Jahre 2002 wieder auf dieses bewährte System zurück.

Es gibt nur ein kleines Problem beim Tauschhandel: du brauchst etwas zum Tauschen. Also – was hast du anzubieten? Man schaut sich um zuhause, aber alles, was man hat, ist entweder Schrott, den man niemandem mehr andrehen kann (ein alter Kassettenrecorder, die Lampe mit dem kaputten Schirm, die Jacke, die irgendwann in den 80ern mal modern war), oder es ist schön und brauchbar, dann will man es nicht weggeben. Die andere Möglichkeit ist, etwas für jemanden zu machen, im Tausch gegen einen Gegenstand, zum Beispiel Haare schneiden im Tausch gegen ein Paar Schuhe. Also, was kannst du? Ich zum Beispiel kann schöne Sendungen fürs Radio machen, aber wenn man dem Gemüsehändler anbietet, eine kurze Sendung über ein Thema seiner Wahl gegen ein Kilo Tomaten und einen Kopf Salat zu tauschen, dann wird einem schnell klar, dass manche Berufe nicht in jeder Situation sinnvoll sind. Einer unserer Nachbarn war Elektriker, der hatte immer was zum Tauschen, denn auch in einer Wirtschaftkrise müssen Elektrogeräte repariert werden. Das heißt, als Handwerker bekommt man auch im Tauschhandel immer etwas zu essen. Intellektuelle und Künstler haben da keine guten Karten; das geht einem in so einer Situation schmerzhaft auf. Auch Investmentbanker und Hedgefondsmanager stehen in einer Tauschhandelswirtschaft ausgesprochen schlecht da, aber das ist kein echter Trost.

Andrerseits lernt man in einer Staatskrise alles mögliche Nützliche hinzu. Zum Beispiel, an großen Kreuzungen in einer einzigen Ampelphase eine Barrikade zu bauen, sie anzuzünden und damit die gesamte Verkehrsschlagader stillzulegen. Das sind Fertigkeiten, die man im Rheinland einfach nicht lernt, jedenfalls nicht heutzutage. Andere nützliche Lernprozesse sind die fantastischen Möglichkeiten, die basisdemokratische Organisation und Massendemonstrationen bieten (Fünf Präsidenten! In zehn Tagen!!), und natürlich entwickelt man eine gewissermaßen zen-buddhistische Einstellung zum Geld: Erst ist es da, dann ist es nicht mehr da, und wenn ein bisschen davon wieder da ist, dann hat man schon einen inneren Abstand dazu, denn es könnte ja bald wieder weg sein.

Aber die eindrucksvollste Erfahrung ist die, einem tobenden Mob gegenüberzustehen. Ich muss vorausschicken, dass ich aus dem Rheinland komme. Jetzt zucken die Westfalen und Berliner und andere Nordlichter mit den Schultern und sagen: Ja, und? Was hat das denn mit dem Thema zu tun? Aber die Rheinländer lächeln wissend. Wir Rheinländer kennen uns nämlich aus mit wild gewordenen Menschenmassen auf der Straße. Wir haben ja den Karneval.

Karneval, das bedeutet nicht einfach, sich eine rote Pappnase anzuziehen. Karneval bedeutet: das regelmäßige Trainieren von Massenpanik. Stundenlanges Warten im Schneeregen auf den Rosenmontagszug, unbeweglich eingeklemmt zwischen dickbäuchigen Jecken! Power-Schunkeln mit besoffenen Unbekannten in sauerstofflosen Kneipen! Aufsammeln von Kamelle (=ungenießbaren Bonbons) von der bierflaschensplitterbedeckten Straße, inmitten Massen trampelnder Stiefel tanzender Zwei-Zentner-Männer! Und dazwischen stehen die Schutzmänner. Vielleicht wissen Berliner das nicht, aber bevor US-Marines ein neues Land besetzen, kommen sie einen Rosenmontag lang nach Köln und trainieren mit der hiesigen Polizei *crowd control*. Wie gesagt, Menschenmassen schrecken Rheinländer nicht wirklich. Wir gehen da jedes Jahr freiwillig hin.

Demos haben nun mit Karneval viel gemeinsam. Argentinier, wie alle Südamerikaner, demonstrieren gern und oft, und nehmen auch meistens Trommeln dazu mit, ähnlich wie wir es aus dem Rheinland von dieser Art Massenveranstaltung kennen. In jenen Tagen der Wirtschaftskrise waren es nicht nur die Armen, die auf die Straße gingen, sondern auch und vor allem die Mittelklasse, die auf einmal kein Geld mehr hatte. Nachts traf ich auf einmal ältere Nachbarinnen, anständige Señoras, wie immer ordentlich frisiert und mit Perlenohrringen, die mithalfen, Müllsäcke und alte Reifen zu Barrikaden zu stapeln und anzuzünden – das war schon schräg. Die Demonstrationen wurden von Tag zu Tag größer und unkontrollierter.

Ich hatte zwar schon eine Menge Demonstrationen erlebt, in Argentinien und anderswo, auch gewalttätige, auch solche, bei denen scharf geschossen wurde, aber das Gefühl des *Ausgeliefertseins* hatte ich nur ein einziges Mal, nämlich während der argentinischen Finanzkrise. Damals verbrachte ich, wie viele andere Argentinier auch, Stunden über Stunden, manchmal ganze Tage in der Bank. Man versuchte alles, um irgendwie sein Geld zu retten, sinnlose Überweisungen hin- und her, Anbrüllen der Bankangestellten, Einschlagen der Fensterfronten und so weiter. Banken waren Hassobjekte der gesamten Bevölkerung; glänzende Gebäude, in denen das Ersparte verschwunden war. (Nach einigen Wochen wurde einem klar, dass das Geld verloren war, und man konzentrierte sich mehr auf die verantwortlichen Politiker als auf die Banken.)

An einem heißen Dezembertag hatte ich wieder einmal mehrere sinnlose Stunden in der Bank verbracht. Damals konnte man nicht mehr einfach in eine Bank gehen, sondern draußen stand Wachpersonal, große Typen mit Schlagstöcken, die die – zugegebenermaßen hysterischen – Kunden nur tröpfchenweise in die Bank ließen, als eine Art Deeskalationsstrategie. Draußen sammelten sich natürlich alle anderen wütenden Bankkunden an. Als ich gehen wollte, sagte mir der Wachmann in der Bank, das ginge jetzt nicht. »Warum nicht?«, fragte ich. Er zeigte wortlos nach draußen. Durch die vergitterten Fensterscheiben sah ich eine geifernde Menschenmenge, hauptsächlich ältere Damen, die schreiend Sprüche skandierten und mit ihren Spazierstöcken gegen die Scheiben schlugen. Die Bank bebte.

Ich schaute mir das eine Weile an, aber irgendwann wollte ich trotzdem gehen. Der Wachmann meinte, gut, aber auf eigene

Gefahr. Er machte die Tür einen schmalen Spalt auf, schob mich mit einem kräftigen Schubs durch, und schlug die Tür schnell wieder zu. Da stand ich also, vollkommen allein, in meinem Rücken die verschlossene Tür, inmitten einer randalierenden Menge von Stöcke schwingenden alten Tanten, die sich in Wellen gegen die Bank warfen. Das Gebrüll war unerträglich laut. Stöckelschuhe bohrten sich in meine Füße, Handtaschen schlugen mir um die Ohren, und ich hieb heftig mit beiden Ellbogen um mich, um nicht zu Boden zu gehen. Zum ersten Mal in meinem Leben fühlte ich mich völlig ausgeliefert, hilflos in den Klauen eines wütenden Mobs.

Und ich dachte: Was für ein unwürdiger Tod für eine Auslandskorrespondentin, im Eingang einer Bank totgetrampelt von bankrotten Omas.

Training fürs Heirats-Triathlon

In indischen Familien geht es immer nur um das Eine. Nein, nicht um *das* Eine! Es geht ums Heiraten. Halt, ich korrigiere mich: es geht auch oft ums Essen oder wer eine Green Card für die USA bekommen hat, aber was alle Familien zutiefst bewegt, ist das Heiraten. Dabei geht es nicht darum, wer wen kennen gelernt hat und heiraten will, das sind Hochzeiten für Amateure, so wie die Europäer sie veranstalten. Hier geht es um das Heiraten als Hochleistungssport. Nur die Härtesten kommen durch.

Indische Hochzeitswettkämpfe sind keine Sprints für Kurzatmige oder Formel 1-Rennen, wo es eh nur auf den besten Motor ankommt. Nein, hier zählt der Mensch und seine – oder ihre – individuelle Leistungsfähigkeit, physisch wie psychisch. Dies ist ein Triathlon, der sich jedoch nicht über 24 Stunden hinzieht, wie der für die europäischen Waschlappen. Ein indischer Heiratstriathlon dauert *Jahre*. Wer hier am Ziel ankommt, ist der Härteste von allen, er ist der Bruce Willis der Brautmodenzeitschriften, der Muhammad Ali der Standesbeamten. Und was den internationalen Vergleich von Triathlonwettkämpfen angeht: Der *Ironman Hawaii* ist nichts, aber auch gar nichts gegen den *Ironman Delhi*. Beim *Ironman Hawaii* muss man dreieinhalb Kilometer Schwimmen, 180 Kilometer Radfahren und 42 Kilometer Marathon laufen, und zwar alles direkt hintereinander. Beim *Ironman Delhi* muss man wesentlich härtere Disziplinen durchstehen, und die auch noch auf viel längeren Distanzen:

Erstens, die Brautschau. Dreieinhalb Monate.
Zweitens, die Hochzeit. 180 Tage.
Drittens, die Schwiegermutter. 42 Jahre.

Männer wie Frauen nehmen gleichermaßen an allen drei Disziplinen teil, jedoch in unterschiedlichen Positionen. In den Heiratsolympiaden treten sie direkt gegeneinander an, aber davon später mehr.

All das kann man auf keinen Fall unvorbereitet bewältigen. Dafür hat man seine Jugendzeit: Familien in Indien sind nicht nur einfach Familien – sie sind Trainingscamps. In jeder Familie werden systematisch neue Champions für das Heirats-Triathlon herangezüchtet. Indische Eltern sind gut geschulte Trainer-Teams, die ein einziges Ziel vor Augen haben, nämlich den Hauptgewinn des *Ironman Delhi*: Einen Schwiegersohn.

Bevor mir jetzt irgendwelche Fragen gestellt werden: Wenn ich sage, ›indische Familie‹, bedeutet das nicht ›meine Familie‹. Das ist zwar auch eine indische Familie – mehr oder weniger jedenfalls – aber in die Heiratsangelegenheiten ihrer Kinder haben sich meine Eltern nie eingemischt. Sehr viele indische Familien lassen ihren Söhnen und Töchtern völlige Freiheit bei der Wahl ihrer Partner. Es bleiben aber immer noch Millionen und Abermillionen indische Familien, die selbstverständlich bei jedem Heirats-Triathlon an der Startlinie stehen. Ihr gesamtes Denken – und was viel wichtiger ist, ihre gesamten Investitionen – kreisen um die Frage, wie sie ihre Töchter und Söhne am Besten verheiraten können. Das Ziel ist ›*a suitable boy*‹, eine gute Partie, also idealerweise ein Schwiegersohn, der Arzt ist *und* im Besitz einer Green Card. Oder eine Schwiegertochter, die Ärztin ist, im Besitz einer Green Card, und die auch noch gut kochen kann.

Beim *Ironman Delhi* anzutreten erfordert von allen Beteiligten Disziplin, Willenskraft und gnadenloses Training, über Jahre hinweg.

Sportliches Training verfolgt immer dasselbe übergeordnete Ziel: Die Steigerung der psycho-physischen Leistungsfähigkeit. Dabei passt sich der Körper mittel- und langfristig an die Belastung an. Dahinter steckt eine schlichte Überlebensstrategie: Durch die Anpassung an sich wiederholende Belastungen versucht der Organismus, gefährliche Überlastung zu vermeiden. Diesen Prozess nennt man Training. Das Training muss natürlich den jeweiligen Sportarten genau angepasst werden, man kann also für das indische Heirats-Triathlon nicht Langstreckenläufe oder ähnlich Sinnloses absolvieren. Indische Familien haben in der Kindererziehung die Vorbereitung auf die zukünftige Teilnahme beim *Ironman Delhi* fest eingeplant; mit ansteigenden Belastungsstufen trainieren die jungen Athleten für das Hochleistungsheiraten. Mit 18 Jahren haben sie dann das Qualifikationsalter erreicht.

Erste Disziplin: Die Brautschau. Das bedeutet, dass junge Männer (oft ausgehungerte Studenten) sich bei Familien mit heiratswilligen Töchtern als ›,*prospective grooms*‹, also potentielle Bräutigams, vorstellen, einen Nachmittag bei opulentem Essen das zu heiratende Mädchen begutachten, und in diesem Prozess sich über längere Zeiträume bei verschiedenen Familien durchessen. In dieser Disziplin ist es wichtig, sich frühzeitig Startplätze sichern. Wer hier gut aus den Startlöchern kommt, kann die kommenden Jahre des Heirats-Triathlons besser überstehen. Allerdings ist die Hochfrequenz-Brautschau nicht so einfach, wie es sich anhört:
Damit ein potentieller Bräutigam die dreieinhalb Monate der ersten Wettkampfeinheit physisch intakt überlebt, muss er die Aufnahme von Brautschau-Powerfood trainieren. Mit Powerfood sind hier keine Proteinriegel und Eiweißshakes gemeint. Jede Familie, deren Tochter der Triathlet begutachtet, tischt zentnerweise Essen auf, vor allem Süßigkeiten. Vordergründig soll dem Interessenten gezeigt werden, dass die Frauen der Familie – insbesondere die Braut – exzellente Köchinnen sind. In Wirklichkeit aber wird an dieser Stelle getestet, ob der dünne Student, der mit dem achten hochbeladenen Teller voller Süßigkeiten im Wohnzimmer sitzt, langfristig die Kondition hat, um zu einem buddha-gewichtigen Ehemann mit Speckrollen im Nacken heranzuwachsen, denn nur so wird er ein ernstzunehmender Patriarch sein.
Für den Brautschau-Ess-Marathon muss der Athlet jahrelang trainieren. Dazu gehören zum Beispiel die Ausbildung eines Sportmagens (Ausdehnung der Magen-Aufnahmekapazität),

die Kräftigung der Kaumuskulatur, die Vergrößerung der Energiespeicher mittels Rettungsringen in der Körpermitte sowie das ökonomischere Zusammenspiel von Magenflüssigkeit und Zungenmuskel.

Ein gut trainierter Fettstoffwechsel ist äußerst wichtig für Langzeitausdauersportarten wie Triathlon. In aufwändigen Studien haben amerikanische Wissenschaftler herausgefunden, dass ein Intervalltraining auf nüchternen Magen den Fettstoffwechsel erhöhen kann; auch so kann also das Carboloading trainiert werden. ›Carboloading‹ bedeutet für die Wettkämpfer beim *Ironman Delhi*: rapider Verzehr von Halwa, Gulab Jamun und Burfi, alles aus Zucker, Rosenwasser, Gewürzen, und noch mehr Zucker. Und in einer Zuckersoße schwimmend. Schon in den ersten Tagen des Heirat-Triathlons werden unter den männlichen Teilnehmern die komatösen Opfer des akuten Zuckerschocks rasch ausgesiebt, offensichtlich untrainierte Hobby-Sportler. Aber auch manche Profi-Athleten werden in dieser Sportart vor Ablauf der dreieinhalb Monate disqualifiziert, weil sie bei einem Essen unachtsamerweise die Worte »Danke, ich bin satt« geäußert haben.

Die potentiellen Bräute wiederum müssen in derselben Disziplin ihr Talent, charmant zu lügen unter Beweis stellen: Sie tun so, als hätten sie das Festessen selbst gekocht. Dazu müssen sie schlagfertig auf Fangfragen antworten wie: »Wie viel Kardamom ist hier drin?« Ein fotografisches Gedächtnis für Rezepte ist für die weiblichen Athleten in dieser Disziplin unabdinglich, ebenso wie der langjährige Kontakt zu guten Köchinnen, die das Mannschaftsteam bilden, und die auch in Extremsituationen unter hohem Zeitdruck im Wettkampf jederzeit ein cremiges Srikand aus Quark und Safran zaubern können. Höchstens ein Kardamom pro Pfund Quark.

Nach dreieinhalb Monaten Brautschau erreichen die Athleten die Wechselzone zur nächsten Sportart. Nun kommt die zweite große Disziplin: Die Hochzeit. Diese Wettkampfphase ist etwas länger, 180 Tage, und umfasst die Hochzeitsorganisation sowie drei Tage der eigentlichen Hochzeit. Noch mal zum Vergleich: beim herkömmlichen Triathlon, also bei Wettkämpfen wie dem *Ironman Hawaii*, müssen die Athleten in der zweiten Disziplin lediglich 180 Kilometer Rad fahren. Weicheier.

Zurück zum indischen Heiratstriathlon, zweite Phase. Die männlichen Sportler nehmen bei dieser Disziplin nicht die Rolle des Bräutigams, sondern des Bruders der Braut ein, denn es ist immer der Schwager, der die Hochzeit organisieren muss; er ist die entscheidende Figur bei jeder Hochzeit. Er ist der Hauptorganisator, bei dem alle Fäden zusammenlaufen, und dessen Handy pausenlos klingelt. Die Gäste einladen, den Saal reservieren, die Band aussuchen, den DJ engagieren, die Finanzen regeln, das Auto mieten, die Hochzeitskleider kaufen, die Aussteuer packen, das Essen bestellen, die Großeltern aufmuntern, die Tanten beruhigen, dem Priester Bescheid sagen, die Dekoration auswählen, den Fotografen bestellen, die Geschenke einkaufen, die Gäste von auswärts am Flughafen abholen – das ist alles sein Job. Wenn irgendetwas nicht klappt, ist alles seine Schuld. Der psychische Druck auf die Athleten ist also enorm. Hier wird die mentale Leistungsfähigkeit der Wettkampf-Teilnehmer unter Beweis gestellt.

Bei dieser Sportart gibt es unter Experten Meinungsverschiedenheiten über das ideale Training: Dauer- oder Intervallmethode? Kraftausdauer- oder Tempotraining? Sind Trainingslager bei pingeligen Großtanten sinnvoll, um alle Fußfallen des Heirats-Triathlons genau kennen zu lernen?

Die besten Trainingspläne zeichnen sich durch systematischen Wechsel der Inhalte aus: In den Anfangsjahren (zwischen dem 13. und 18.Lebensjahr der Athletinnen und Athleten) überwiegt das Grundlagentraining, zum Beispiel die regelmäßige Teilnahme an langweiligen Familienfeiern. Später verschiebt sich der Schwerpunkt zu intensiveren Inhalten – wie etwa Sprintessen von Süßigkeiten –, und schließlich folgt die Unmittelbare Wettkampfvorbereitung (UWV), das so genannte *Tapering*. Dies sind die Wochen vor der eigentlichen Hochzeit,

wo das Training mit Dauereinkäufen, mehrtägigen Kleideran-
proben und Mittelstrecken-Familienbesuchen intensiviert wird.

Ich erinnere mich, in Mumbai bei einer Hochzeit der Schwester
des Schwagers meiner Cousine gewesen zu sein. An der Tür
zu dem Festsaal wurde ich von einem jungen Mann begrüßt,
der sich entschuldigte, dass er meinen Namen nicht mehr genau wusste. »Ich habe seit 26 Stunden nicht geschlafen«, sagte
er. Nach dieser Aussage braucht man ihn nicht mehr vorstellen:
Er ist der Bruder der Braut. Der ›wedding planner‹, also ein
Triathlet. Er steht normalerweise am Eingang des Hochzeits-
saales, in voller Sportkleidung – Seidenkurta und bestickte
Chappals (diese elegante Kleidung ist in westlichen Ländern
bekannt unter dem Namen ›Hippie-Hemd‹ und ›Jesuslatschen‹)
–, sein Handy klingelt ununterbrochen, und er schwankt leicht
vor Erschöpfung; weitere Indizien, dass es sich um den Schwager
des Bräutigams handelt. Er begrüßt die registrierten Sportler –
also die Gäste – und geleitet sie in den Saal.
Am ersten Tag findet die religiöse Feier statt. Dafür treffen sich
die engsten Verwandten der Braut, so etwa 100 Leute. Einige
Musiker spielen, und eine Sängerin mischt in ihren Gesang Ge-
bete, gute Ratschläge für das Brautpaar und Anweisungen an
die Musiker. Während des stundenlangen Gesanges kann jeder kommen und gehen, wann er will. Außer der Braut natürlich; sie muss die ganze Zeit anwesend sein, sonst könnten die
Gäste ja gar nicht über ihr Outfit und ihren Schmuck tratschen.
Tag zwei ist die Party, die *Sangeet*: Es wird getanzt, getrunken und
gegessen, ohne irgendwelche Zeremonien. Hier geht es nur um
systematischen Schlafentzug. Tag drei ist die eigentliche Hochzeit,
mit den entscheidenden Ritualen und den Hochzeitsfotografen. Ein
Teil des Wettkampfs für die männlichen Athleten besteht darin,
mit stoischer Miene alberne Kleidung zu tragen, wie etwa Seiden-
turbane und Ketten aus Rosenblüten um den Hals.
Für die weiblichen Triathleten ist die Hochzeit der Beweis ihrer
Muskelkraft: Die Frauen müssen am dritten Tag kiloweise Ju-

welen anziehen, denn bei dem offiziellen Empfang werden die Fotos gemacht. Man sieht, wie sie unter dem heißen Licht der Fotografenscheinwerfer schwitzen, aber trotz ihrer bleischweren, bestickten Gewänder aufrecht stehen bleiben, und mit ihren eisernen Bizepsen und Trizepsen kiloweise Goldarmbänder tragen. Ohne Wimperzucken lächeln diese tapferen Profi-Sportlerinnen, bis alle Fotos gemacht sind: Die Gäste müssen in verschiedenen Kombinationen auf die Bühne – die Verwandten der Braut, die Verwandten des Bräutigams, alle zusammen, nur die vier Brauteltern, nur die Kinder, aber immer mit dem Brautpaar in der Mitte. Das dauert stunden-, manchmal auch tagelang. Schließlich sind alle Verwandten anwesend, alle Freunde, Geschäftsfreunde, Nachbarn, und außerdem ein Haufen andere Leute, die eben einfach da sind. Hunderte von ihnen. Und alle wollen ein schönes Foto mit dem Brautpaar haben.

Wenn die Hochzeit überstanden ist und alle nunmehr verheiratet sind, findet der Wechsel zur nächsten Sportart statt. Nun kommt die echte Herausforderung für Spitzenathleten, die dritte Disziplin, gegen die ein Marathon nur ein Sonntagsspaziergang ist: Mit-der-Schwiegermutter-klarkommen. Das sind nicht nur 42 Kilometer, das sind 42 *Jahre*. Wenn man Glück hat.

In indischen Ehen und im Familienleben gibt es einen ganz zentralen Begriff: *adjustment* – Anpassung. Die wird von allen erwartet, um ein reibungsloses Zusammenleben möglich zu machen, vor allem aber von den jungen Frauen. Eine Schwiegertochter zieht im Regelfall zur Familie ihres Mannes, und da muss sie sich ohne Wenn und Aber anpassen. Die wenigsten Ehepaare wohnen alleine, sondern man teilt sich eine – oft sehr, sehr kleine – Wohnung mit der Großfamilie. Die einzige Möglichkeit, um an eine eigene Wohnung zu kommen, ist zu warten, bis die Eltern sterben. Oder alternativ in die USA oder Dubai auszuwandern; deswegen sind auch alle so scharf auf einen Bräutigam mit Green Card. Das heißt, in der Regel wohnt man mit der Schwiegermutter zusammen. Nicht so wie

Barack Obama, der in den Westflügel des Weißen Hauses ausweichen kann, wenn es eng wird, sondern man wohnt mit den Schwiegereltern in einer *Zwei-Zimmer-Wohnung*. Und ein Zimmer davon ist die Küche.

Für ältere indische Frauen, die als Schwiegertöchter jahrzehntelang herumkommandiert und gedemütigt wurden, kommt irgendwann einmal der Moment der Rache. Nicht etwa an der Schwiegermutter, die sie herumkommandiert und gedemütigt hat, sondern der Rachefeldzug beginnt, wenn die Schwiegermutter tot ist, der eigene Sohn heiratet und damit eine Schwiegertochter ins Haus bringt. An dieser jungen Frau kann die Schwiegermutter alles abreagieren, was sie über ein halbes Jahrhundert angesammelt hat. Alle Ressentiments, vergangene Demütigungen, unterdrückte Wut, alles kann auf wehrloses Objekt projiziert werden. Der Traum jedes Psychologen für seine Patienten. Mit jedem Tag, wo sie Schwiegermutter ist, wird die alte Frau stärker, gesünder und gemeiner. Eine Schwiegermutter macht keine Gefangenen. Sie hat jahrzehntelang den Mund gehalten. Jetzt hat sie freie Bahn.

Als indische Schwiegertochter muss man einfach Geduld mitbringen und ein paar Jahrzehnte aussitzen – das ist eben der Marathon – und irgendwann ist man selber Schwiegermutter, und dann hat man *Macht*. Vielleicht denkt der amerikanische Präsident, er habe Macht. Vielleicht denkt Osama bin Laden, er habe Macht. Vielleicht denkt Bill Gates, er habe Macht. Das ist alles pillepalle. Wer wirklich Macht hat, ist eine indische Schwiegermutter. Sie darf alles entscheiden, aus einem simplen Grund: Sie ist die Schwiegermutter. Sie hat völlige Kontrolle über das Leben ihrer Schwiegertochter, denn nur zu diesem Zweck hat ihr Sohn ja geheiratet – um seiner Mutter Macht zu verschaffen.

Und wenn all das nicht reicht, hat sie immer noch das unschlagbare Argument aller indischen Schwiegermütter zur Hand: Der Herzinfarkt. Nirgendwo der Welt wird so ausgiebig, systematisch und gnadenlos mit dem Herzinfarkt gedroht wie in indischen Familien.

Der Herzinfarkt kommt jedes Mal dann ins Spiel, wenn der Schwiegermutter die totale Kontrolle entgleitet, die sie normalerweise Tag und Nacht, in jeder Sekunde, ausübt. Eine indische Schwiegermutter ist der personifizierte Überwachungsstaat. Sie kontrolliert *alles*. Zwischen ihr und der Schwiegertochter tobt ein jahrzehntelanger, gnadenloser Kampf um die Privatsphäre. Vielleicht ist das Wort ›Privatsphäre‹ in diesem Zusammenhang unangebracht. Es ist nicht so, als habe man in einer indischen Familie wenig Privatsphäre. Nein, in indischen Familien existiert das Konzept von Privatsphäre einfach nicht. Schon das Wort ist unbekannt. Sobald man eine Tür hinter sich schließt, steht die gesamte Familie davor, klopft dagegen, rüttelt am Türgriff und ruft: »He, mit der Tür ist was nicht in Ordnung. Sie ist ins Schloss gefallen!«

Briefe – auch wenn sie namentlich an dich gerichtet sind – werden selbstverständlich von der ganzen Familie gelesen. Schließlich ist es ja dieselbe Adresse. Ebenso ist es unmöglich, mit leiser Stimme ein persönliches Gespräch zu führen, weder am Telefon noch *in persona*. Sofort brüllt die Familie durch die Wohnung: »Was hast du gesagt? Red lauter, man versteht dich gar nicht!« Wie gesagt, Privatsphäre ist eine unbekannte Größe, etwa wie die analytische Geometrie des euklidischen Raumes. Ich korrigiere: wahrscheinlich können indische Familien mit den Begriffen ›Spektralsatz‹ oder ›Skalarprodukt‹ mehr anfangen als mit der Idee von Privatsphäre.

Zur Illustration: Einmal war ich gerade in eine neue Wohnung gezogen, und meine Schwester kam mit ihrer Familie zu Besuch, einschließlich drei kleiner Kinder. Irgendwann an diesem Nachmittag, zwischen Kaffeetrinken und Windelnwechseln, kam meine Schwester zu mir, zeigte mir eine Brosche (aus meinem Besitz) und fragte, ob sie die mal leihen könne.

»Klar«, sagte ich, »aber diese Brosche hab ich seit unserem Umzug nicht mehr gesehen, wo war die denn? Hast du etwa alle meine Sachen durchwühlt?«

»Nein«, erwiderte meine Schwester bedauernd, »das hab ich in der kurzen Zeit einfach nicht geschafft.«

Wir reden hier also nicht von einer Verletzung der Privatsphäre im Sinne von Schäubles Überwachungsstaat. Hier geht es darum, das Konzept ›Privatsphäre‹ überhaupt durchzusetzen. Aus dem Nichts. Indien ist Schäubles feuchter Traum: Millionen von Menschen, die noch nie das Wort ›Privatsphäre‹ gehört haben! Ein Volk, das unter den Argusaugen von misstrauischen Schwiegermüttern lebt! Und an dieser Stelle sei hinzugefügt: Verglichen mit indischen Schwiegermütter sind Schäubles Staatsschnüffler blutige Anfänger, ja, fast schon verfassungsfixierte Datenschützer.

Die Herausforderung für Athleten und Athletinnen besteht in diesem Wettkampfsegment nicht nur im reinen Zusammenleben mit der Schwiegermutter, sondern darüber hinaus in der kunstvollen Konstruktion von winzigen Einheiten Privatsphäre. Diese werden im Wettkampf über die Jahre hinweg gesammelt und nach dem Tod der Schwiegermutter addiert und ausgewertet. Legendäre *Ironman Delhi*-Champions sollen es schon zu Werten bis zu insgesamt 17 freien Tagen (Netto-Privatsphäre) in einem Zeitraum von 21 Jahren geschafft haben.

Bei dem härtesten Triathlon-Wettbewerb der Welt, beim *Ironman Hawaii*, liegt der Ehrgeiz aller Teilnehmer darin, ein ›*daylight finisher*‹ zu werden. *Daylight finisher* sind diejenigen, die bei Tageslicht ins Ziel kommen. Da Hawaii dicht am Äquator liegt, geht dort um 6 Uhr morgens die Sonne auf und um 18 Uhr abends wieder unter; Zielzeit der *daylight finisher* ist also elf Stunden. Das gilt für den *Ironman Hawaii*. Beim *Ironman Delhi* hingegen ist ein *daylight finisher*, wer erst nach der Schwiegermutter stirbt.

Das ist die Ziellinie des Heirats-Triathlons: Zwei Athleten – ein Mann und eine Frau – sind jahrzehntelang gegeneinander angetreten, erst bei der Brautschau, dann als Hochzeitspaar, und schließlich im Kampf gegen die jeweiligen Schwiegereltern. Nun sind sie alt und grau, die Kinder erwachsen, die Schwiegermutter gestorben, und auf einmal ist es ruhig in der Wohnung, nur die beiden Ausdauersportler sind übrig, nur sie allein. Sie sehen sich an, holen einen verstaubten Goldpokal aus dem Schrank und genießen den Moment des Triumphes: Sie haben es geschafft. Sie sind Champions im *Ironman Delhi*.

Rastafaris im Bügelwahn

Es gibt Dinge, die einen beim Reisen positiv überraschen Haarschmuck aus frischen Jasminblüten in Indien, oder abwechslungsreicher Sex im brasilianischen Karneval oder der über Jahrhunderte hinweg perfektionierte Mandelkuchen in Neapel. Dafür lohnt es sich, sein Zuhause zeitweise zu verlassen, ein Heidengeld für Handy-Roaming zu bezahlen und sich von Stewardessen der Fluglinie Iberia anschnauzen zu lassen. Aber was tut man nicht alles für einen neapolitanischen Mandelkuchen. Dann gibt es Gewohnheiten in fremden Ländern, die den Fremden eher befremden: Zum Beispiel, dass in den USA die meisten Einwohner an UFOs glauben oder dass man in Argentinien um ein Uhr morgens erst *losgeht* in die Disko oder in Schweden zu Weihnachten verfaulten Hering isst.

Eine der seltsamsten Sitten, deren Ursprung noch kein Ethnologe je entschlüsseln konnte, ist jedoch die Obsession bezüglich gebügelter Kleidung, die die Bewohner der Karibik an den Tag legen. Man kann jede beliebige Insel nehmen – Jamaica, Trinidad, Barbados, und sogar aufs Festland ausweichen, Guyana oder Surinam: Die Karibik befindet sich in einem kollektiven Bügelwahn. Egal, zu welchem Anlass – sobald man aus dem Haus geht, auch nur zum Kiosk an der Ecke, man zieht gebügelte Kleidung an. Dies ist völlig unabhängig von der Gesellschaftsschicht. Auch wenn jemand arm ist, vielleicht nur ein oder zwei Hemden besitzt und womöglich in seiner Hütte keinen Stromanschluss hat: ein Bügeleisen besitzt er bestimmt, und damit, und mit den frisch gewaschenen Hemden, geht er dann zu seinen Nachbarn bügeln, die vollstes Verständnis dafür haben. Der Mann kann schließlich nicht mit zerknitterter Kleidung auf die Straße gehen.

Wir reden hier nicht vom einfachen Bügeln im Sinne von ›Falten platt machen‹, wie es die Europäer praktizieren. Nein, in der

Karibik ist Bügeln eine Kunst, die man von jungen Jahren an erlernt. Gebügelt wird mit Sorgfalt, Hingabe und obsessiver Detailgenauigkeit.

Äußerst wichtig ist zum Beispiel die vollkommene Symmetrie. Ein – sagen wir mal – in Kassel gebügeltes Herrenoberhemd sähe vielleicht auf den ersten Blick ordentlich aus, aber wenn man genauer hinschaut, dann steht hier ein halber Zentimeter über, da ist eine Bügelfalte nicht ganz gerade und so weiter. Ein in Kingston/ Jamaica gebügeltes und zusammengefaltetes Herrenoberhemd hingegen kann man unter dem Elektronenmikroskop messen: Da stimmt alles. Jeder Nanometer.

Ein weiterer zentraler Punkt sind die Bügelfalten. Sie sind messerscharf – und hier sind Skalpelle gemeint, nicht Küchenmesser. Sie sind vollkommen gerade; jeder Physiker könnte hier seine Meßlatte für geometrische Kalkulationen anlegen. Mit einer jamaikanischen Bügelfalte als Hypotenuse kann man Planetenbahnen berechnen. Einstein würde in Tränen ausbrechen.

Bei Frauenkleidung kommen dann noch die Rüschen hinzu, die in perfekt erstarrte kleine Wasserfälle von gestärkter weißer Baumwolle gebügelt werden; eine Hommage an japanische Holzschnitte, die brechende Wellen im Holzschnitt sozusagen gefrieren lassen. Ein ebensolches Kunstwerk ist eine jamaikanische Schluppenbluse.

All das ließe sich noch irgendwie nachvollziehen, wenn die Jamaikaner allesamt mit einem Mercedes oder einem ähnlich geräumigen Auto zur Arbeit fahren würden. In einem Mercedes hat man nämlich *Platz*. Auch die perfekt gebügelten Hemden und Blusen, die Hosen mit ihren zielgeraden Bügelfalten, all sie hätten ebenfalls in einer Limousine ausreichend Platz.

Aber das ist nicht der Fall. Das jamaikanische Transportwesen hört auf den Namen *Minibus*. Ein Minibus ist – wie der Name schon andeutet – klein; in der Regel handelt es sich um Kleinbusse mit sechs bis acht Sitzen. An jeder Haltestelle warten mindestes 20 Menschen, die allesamt versuchen, sich in diesen – bereits besetzten – Bus zu quetschen. Da es Jamaikaner sind, gelingt ihnen das auch. Wer eine Tasche oder ein Kind oder einen Käfig mit Hühnern dabeihat, stellt die Last, ohne zu fragen, auf den Schoß von jemandem, der sitzt. Die meisten Fahrgäste müssen schließlich die ganze Fahrt lang mit gebeugtem Rücken stehen, denn das Dach eines Minibusses ist nicht sehr hoch. Selbst der Fahrer muss oft seinen Sitz mit einem Fahrgast teilen. Wieso sollte ausgerechnet er sich das Recht rausnehmen, sich allein auf einem Sitz breit zu machen? Er zahlt ja nicht mal. Der Schaffner, wenn man ihn denn so nennen möchte – meist ein durchsetzungskräftiger Jugendlicher, der das Kleingeld für die Busfahrt einsammelt – hält sich mit nur einer Hand am Türrahmen fest, sein Körper hängt aus der offenen Tür raus. Draußen ist ja genug Platz.

Das ist also die normale Situation in einem vollbesetzten Minibus. Nun steigen an jeder Haltestelle perfekt angezogene Frauen ein, in seidenglatten Röcken und blütenweißen Blusen mit gestärkten Puffärmeln, jeder Ärmel in vollkommene kleine Wolken aus weißem Stoff gebügelt. All die Pracht wird im Minibus binnen einer Sekunde zerquetscht. Man hört förmlich die Todesschreie der Bügelfalten. Man ist Zeuge, wie die Puffärmel in sich zusammenfallen und ihr Leben aushauchen. Jeder Minibus ist ein Massengrab für Faltenröcke.

Die Leute haben also ihre Klamotten sorgfältig gebügelt, lediglich um den Weg von zuhause zur Bushaltestelle ungeknittert zurückzulegen. Kaum haben sie sich in den Bus gequetscht, sehen sie genauso zerknittert aus wie jeder hergelaufene Europäer. Bringt dies irgendeinen Jamaikaner dazu, über den Sinn und Unsinn des Bügelns nachzudenken? Nein, natürlich nicht. In Jamaica ist Bügeln *l'art pour l'art*.

Den zentralen Wert, den Bügelfalten in der Karibik haben, geht am Rest der Welt vorbei.
Einer der sichersten Indizien, wie in Jamaica Touristen identifiziert werden (abgesehen davon, dass sie rotgebrannte Weiße sind, die vor Feierabend Ganja rauchen): ihre zerknitterte Klei-

dung. Diese ungepflegten Horden glauben, es reicht, die Klamotten zu waschen. Die weißen Frauen versuchen ja manchmal, einigermaßen ordentlich auszusehen, aber die Männer: Ungebügelte Shorts! Es ist nicht mit anzusehen.

Ein großes kulturelles Missverständnis in Europa und dem Rest der Welt ist, dass Bügeln – wie andere Hausarbeit auch – von Frauen erledigt werden soll. Nicht in der Karibik: Hier ist Bügeln Männersache.

Das muss allerdings differenziert betrachtet werden – Frauen bügeln natürlich ihre eigene Kleidung selber, auch die Kleidung von den Kindern, und die Tischdecken und so weiter. Aber Männer bügeln *ihre Hemden selbst*. Eine so verantwortliche Aufgabe wie das Bügeln eines Herrenoberhemdes kann mann nicht einfach einer Frau überlassen. Vielleicht der eigenen Ehefrau, aber das erst nach Jahren, besser Jahrzehnten des Zusammenlebens, in denen sie ihre Bügelkunst unter männlicher Aufsicht vervollkommnen konnte. Dann, *vielleicht*, darf sie die Hemden ihres Mannes bügeln.

Da die karibischen Männer in dem bekanntermaßen warmen karibischen Klima weder Jeans noch lockere Baumwollhosen, sondern am liebsten dicke Flanellhosen tragen, bei denen es gar nicht einfach ist, sie in scharfe Bügelfalten zu werfen, sind nach den Hemden die Hosen natürlich die zweite große Herausforderung an den Bügelstolz eines Mannes. Nur ein Mann, der seiner Frau vollkommen vertraut, wird ihr unkontrolliert das Bügeleisen überlassen.

Doch warum gerade in der Karibik? Warum sind Dänen oder Indonesier nicht ebensolche Bügelfanatiker? Sind es klimatische Faktoren wie die Hurrikane, deren Chaos und Zerstörung in den Menschen den Wunsch weckt, mit kerzengeraden Bügelfalten Ordnung zu schaffen? Oder ist es das historische Erbe des Zuckerrohranbaus, dessen perfekt parallele Felder in den Faltenröcken eine unbewusste Entsprechung findet? Interessante Forschungsobjekte für Politikwissenschaftler und Volkskundler sind auch die geographischen Unterschiede: Wie hat sich die Revolution auf das Bügelverhalten der Kubaner ausgewirkt? Werden die USA irgendwann mit einem Bügeleisenembargo Kuba in die Knie zwingen? Gehört Miami bügelbezüglich zu der Karibik oder zu den restlichen USA? Bügeln in Florida oder New York ansässige Jamaikaner ebenso penibel wie ihre Landsleute daheim? Wie viele karibische Selbstmörder jährlich schneiden sich die Pulsadern an Bügelfalten auf? Wann werden karibische Feministinnen das männliche Monopol des Herrenhemdbügelns aufbrechen?

Der Gipfel des Bügelwahns – aber nur in den Augen von schlampigen, ungebügelten Europäern – ist folgender Anblick: Man ist auf dem Land, inmitten von tropischen Pflanzen, Palmen und Bananenbäumen. Die Sonne glüht am Himmel; die Hügel leuchten in tiefem Grün. Es ist still, man hört die Stimmen von exotischen Vögeln.

Vor einer Bambushütte sieht man einen Rastafari, in einem afrikanisch weiten Gewand und mit langen Dreadlocks. Aus dem Fenster der Hütte hängt ein Kabel, und davor steht ein Tisch und auf dem Tisch ein Plätteisen: Der Rasta steht da und *bügelt*, verbissen und pingelig wie eine schwäbische Hausfrau. Reggae und Spliffs sind ihm egal, ihn interessiert nur das Eine: die perfekte Bügelfalte.

Die Marmelade der Revolution

Finden Sie es nicht auch komisch, dass die amerikanischen Cowboys bei ihrem Weg durch den Wilden Westen den neu gegründeten Orten seltsame spanische Namen gaben, wie zum Beispiel Los Angeles, Las Vegas oder San Francisco? Würde man gar nicht denken, dass so ein John Wayne ein großes Faible für Fremdsprachen hatte. Wahrscheinlich las er abends am Lagerfeuer heimlich französische Poesie und übte die Konjugation lateinischer Verben. Und Buffalo Bill war in Wirklichkeit ein schwuler Balletttänzer....Gut, das Bush nicht mehr an der Regierung ist. Sonst stände jetzt wieder ein Homeland Security Officer vor der Tür, na_ja, vor der Festplatte.

Nein, natürlich war alles ganz anders. Die Cowboys – so wie wir sie kennen, mit Cowboyhut, Shotgun und Stiefeln – waren eigentlich Mexikaner und hießen *Charros*. Der gesamte südliche Teil der USA gehörte früher zu Mexiko, deswegen sprachen die Cowboys natürlich Spanisch. Und deswegen nannten die Wildwestler ihre Städte auch Los Angeles (›Die Engel‹), San Francisco (›Heiliger Franziskus‹) oder Las Vegas (›Die Wiesen‹). Heilige und Wiesn – man könnte fast denken, die seien nicht Mexikaner, sondern Bayern gewesen.

Dass die Cowboys in den Filmen Amerikanisch sprechen, liegt an der Monroe-Doktrin. Leider nicht die von Marilyn – *make love, not war* oder so –, sondern die von US-Präsident James Monroe, der 1823 gesagt hatte: »Amerika den Amerikanern«. Dagegen wäre auch nichts einzuwenden gewesen, aber was er wirklich meinte, war ›*Süd*amerika den *Nord*amerikanern‹. So sah dann auch die Außenpolitik der USA aus: Seit diesem Spruch haben die Vereinigten Staaten über 100 Mal militärisch in Lateinamerika interveniert. Auch die Karibik wird als Hinterhof der Vereinigten Staaten behandelt, und in seinem eigenen

Hinterhof kann man schließlich tun und lassen, was man will. Dieser Hinterhof erstreckt sich, je nach dem, bis zur Südspitze Lateinamerikas – Geographie ist eine reine Definitionsfrage. Manche Leute haben eben einen richtig geräumigen Hinterhof.

Die Geschichte der US-Invasionen beginnt 1845 mit der Annexion von Texas, das damals noch ein Teil von Mexiko war. Im darauf folgenden Jahr wurden dann auch die restlichen Cowboys amerikanisiert, als nämlich nordamerikanische Truppen in Mexiko einfielen, bis zur Hauptstadt vordrangen und diesen Staat zwangen, die Hälfte seines Territoriums an die USA abzutreten, fast zwei Millionen Quadratkilometer. Die heutigen US-amerikanischen Staaten Texas, New Mexiko, Arizona, Colorado, Kansas, Nevada, Utah, Wyoming und Kalifornien gehörten alle einmal zu Mexiko; deswegen auch die spanischen Namen von Städten wie Los Angeles, Las Vegas oder San Francisco. Die Annexion durch die USA war ein furchtbarer Kulturschock: Die Cowboys mussten auf einmal Country-Musik statt *boleros* singen, Hamburger statt Tacos essen und anstatt in den Saloon abends zu Englischkursen gehen. Nur deswegen schossen die so wild um sich.

Aber man muss nicht immer andere Staaten überfallen, wenn man irgendwo den Daumen drauf halten will. Wenn nötig, gründet man einfach einen neuen Staat, und nennt ihn zum Beispiel ›Panama‹.
Im vorigen Jahrhundert gehörte das heutige Panama zu Groß-Kolumbien. 1846 unterzeichnete Kolumbien einen Vertrag, der den USA gestattete, einen Kanal durch den Isthmus von Panama zu bauen, Truppen frei am Kanal zu stationieren, und eine Konzession gab für den Betrieb des Kanals für die Dauer von 99 Jahren ab seiner Fertigstellung.
Das kolumbianische Parlament ratifizierte den Vertrag allerdings nicht – die Jahresmiete, die die USA für die Nutzung des Kanals zu zahlen bereit war, erschien dann doch ein biss-

chen sehr knickrig. Die USA finanzierten daraufhin eine, na ja, Unabhängigkeitsbewegung, schickten Truppen zu deren Unterstützung und gründeten im Jahre 1903 einen neuen Staat: Panama.

Gleichzeitig schufen sie eine militärisch besetzte Zone, in der die nordamerikanischen Gesetze galten, wo Englisch gesprochen wurde und der frischgebackene Staat Panama keinerlei Rechte hatte. Endlich war Ruhe im Karton.

Die Verfassung des nunmehr unabhängigen Staates Panama trug folgenden Zusatz: »Die Regierung der Vereinigten Staaten hat das Recht, in jeglicher Angelegenheit der Republik zu intervenieren, um Ruhe und Ordnung wiederherzustellen.«

So geschehen 1989, als 30.000 nordamerikanische Soldaten in Panama einmarschierten, in der größten militärischen Aktion der USA seit dem Vietnamkrieg. Tausende von Zivilisten kamen bei der Bombardierung von Panama City ums Leben.

Oh wie schön ist Panama.

Doch es gibt auch Länder, die die Vereinigten Staaten nicht erst gründen oder wo sie nicht erst einmarschieren mussten, um die Kontrolle zu erlangen – Länder, die seit ihrer Gründung einen quasi-kolonialen Status haben. Puerto Rico ist eines davon.

1898 gewannen die USA den Krieg gegen Spanien. Als Siegesbeute erlangten sie die früheren spanischen Kolonien Puerto Rico, Kuba und die Philippinen sowie die Pazifikinseln Guam und Samoa. Puerto Rico wurde unter direkte Herrschaft der USA gestellt, und da befindet es sich heute noch.

Die Geschichte Kubas gleicht der Puerto Ricos – bis zur Revolution jedenfalls. Auch Kuba gelangte von spanischen direkt in nordamerikanische Hände. Die Staatsgründung 1901 ging einher mit der Erlassung eines Gesetzes, das besagte: »Die kubanische Regierung ist damit einverstanden, dass die Vereinigten Staaten intervenieren, um die Unabhängigkeit und den Erhalt einer Regierung zu garantieren, die das Leben, das Eigentum und die persönliche Freiheit schützt.« Wessen Eigentum damit gemeint war, stand im Kleingedruckten. Das hätten die Kubaner mal besser lesen sollen, genau wie bei ihrem Handy-Vertrag.

Von diesem Erlass machten die US-Amerikaner großzügigen Gebrauch: 1906 bis 1909 war Kuba militärisch von den USA besetzt. US-amerikanische Truppen landeten in den Jahren 1912, 1917, 1918 und 1919; außerdem beaufsichtigten sie die kubanischen Wahlen 1912 und 1917.. Bis 1914 hatte Kuba nicht einmal eine eigene Währung. Nach einer Streikwelle besetzten US-Truppen die gesamte Zuckeranbau-Region der Insel. Dieser Eingriff dauerte von 1917 bis 1922. Eigentlich ist es verwunderlich, dass es überhaupt Zeiten gab, in denen die US-Truppen *nicht* in Kuba standen.

Wie in anderen karibischen und lateinamerikanischen Ländern auch, unterstützten die USA eine Diktatur in Kuba, einfach, weil sie garantiert pro-amerikanisch war. Der kubanische Diktator Fulgencio Batista ließ zwischen 1952 und 1958 rund 20.000 Oppositionelle ermorden.

1959 siegten die revolutionären Kräfte, und Kuba hatte nunmehr eine sozialistische Regierung. So was geht natürlich gar nicht. Unter der Regierung John F.Kennedy starteten 1961 40.000 US-amerikanische und exilkubanische Soldaten Richtung Kuba – die berühmte Schweinebucht-Invasion, die Kuba erfolgreich zurückschlug. Gleichzeitig begann eine totale Wirtschaftsblockade, die bis heute anhält – also 48 Jahre lang; für ein kleines Land wie Kuba etwas problematisch. Da wächst zwar viel Zuckerrohr, und der ist essbar, aber wenn man zum Frühstück und zum Mittagessen schon Zuckerrohr gegessen hat, dann wird er zum Abendbrot vielleicht etwas eintönig..

Kuba, so erklären die nordamerikanischen Regierungen seit damals, müsse unter Kontrolle gebracht werden, denn es bedrohe die ›innere Sicherheit‹ der USA. Mit diesem Argument versuchte schon Kennedy in den 60er Jahren, die lateinamerikanischen Länder zu einem gemeinsamen Vorgehen gegen Kuba zu bewegen, was ihm jedoch misslang. Ein mexikanischer Diplomat äußerte damals: »Wenn wir öffentlich erklären, dass Kuba unsere Sicherheit bedroht, werden 40 Millionen Mexikaner vor Lachen sterben.«

Die amerikanische Öffentlichkeit jedoch fühlt sich äußerst bedroht von kleinen, unbedeutenden Inseln im Hinterhof der USA, deren Bewohner der Ansicht sind, Sozialismus sei eine gute Idee. Die Rede ist von Grenada.

Die Rahmendaten zu Grenada (für den gebildeten, interessierten Leser; die anderen haben dieses Buch sowieso nicht gekauft): Die Insel liegt in der östlichen Karibik, nicht weit vor der Küste Venezuelas. Man nennt Grenada die Gewürzinsel: Das Land ist der zweitgrößte Muskatexporteur der Welt. Weiße Strände und Palmenhaine vervollständigen das Bild eines klassischen Urlaubsparadieses. Und das Eiland ist sehr, sehr klein; das Territorium des gesamten Staates umfasst weniger als 350 Quadratkilometer.

Die Geschichte Grenadas ist typisch für die karibischen Inseln. Die Kariben, die Ureinwohner, wurden von den Europäern ausgerottet, die dann auf der Insel eine Plantagenwirtschaft einrichteten und zur Arbeit Afrikaner als Sklaven holten. Noch heute sind neunzig Prozent der grenadinischen Bevölkerung afrikanischer Abstammung.

Das System der Plantagenwirtschaft änderte sich auch nach Abschaffung der Sklaverei nicht wesentlich. Erst 1974 gewann Grenada die Unabhängigkeit. 1979 übernahm die Organisation *New Jewel Movement* in einer unblutigen Revolution die Macht. Von da an gab es eine ›Revolutionäre Volksregierung‹, eine sozialistische Regierung unter Premierminister Maurice Bishop. Für eine revolutionäre Volksregierung war das neue Regime jedoch recht moderat: Kein einziger Landbesitzer oder Unternehmer wurde enteignet – einige private Betriebe kaufte die Regierung und machte sie zu Staatsunternehmen.

Die revolutionärste Akt der Revolutionsregierung: Sie baute eine Fabrik für Marmelade, Dosenobst und Fruchtsaft, die erste Fabrik überhaupt in Grenada. So konnten die überall reichlich wachsenden Früchte weiterverarbeitet werden – eine neue Einnahmequelle für die Bauern, die bis dato in ihrem Produktionsprozess noch nie über das Obstpflücken hinausgekommen waren. Mit der Marmeladenfabrik war das industrielle Zeitalter nunmehr auch in Grenada angebrochen.

Die USA beobachteten die sozialen Reformen und die Popularität des Premierministers Maurice Bishop mit wachsendem Unbehagen. Die Errichtung der Marmeladenfabrik bestätigte ihre düstersten Vermutungen: Grenada war auf dem Weg zu einem sozialistischen Marmeladenimperium. Im Oktober 1983 war es dann soweit: Ein interner Putsch innerhalb der grenadinischen Regierung führten zur Ermordung von Maurice Bishop. Der damalige US-Präsident Ronald Reagan erklärte, das Leben einiger hundert US-Studenten in Grenada sei bedroht, und schickte ein Heer, um sie zu evakuieren. 6.000 Marines trafen auf 250 Mann grenadinischer Milizen und errangen einen völlig überraschenden Sieg.

Während der Invasion wurde eine einzige Einrichtung in Grund und Boden bombardiert: die Marmeladenfabrik. Das war das Ende eines glorreichen revolutionären Projektes, das den Weltmarkt für Marmelade ausgehebelt hätte.

Heute ist Grenadas Wirtschaft wieder an den Bedürfnissen der Vereinigten Staaten ausgerichtet: Die Insel ist zur Heimat von zahllosen Off-shore-Banken geworden; statistisch kommt auf je 64 Einwohner eine Bank; ein Schnitt, bei dem die Schweiz vor Neid erblasst. Und wir machen uns Sorgen um Liechtenstein.

Kien Nghi Ha, Nicola Lauré al-Samarai,
Sheila Mysorekar (Hg.)

re/visionen

Postkoloniale Perspektiven von People of Color auf Rassismus, Kulturpolitik und Widerstand in Deutschland

456 Seiten | 24 EUR [D] | ISBN 978-3-89771-458-8

In »re/visionen« werden erstmals kritische Stimmen ausnahmslos von People of Color zusammen gebracht – Schwarze Deutsche, Roma und Menschen mit außereuropäischen Flucht- und Migrationshintergründen. Ihre widerständige Wissensproduktion und ihr politischer Erfahrungsaustausch bringen alternative Diskussionen hervor.

Maureen M. Eggers, Grada Kilomba, Peggy Piesche, Susan Arndt (Hg.):

Mythen, Masken und Subjekte

Kritische Weißseinsforschung in Deutschland

552 Seiten | 24 EUR [D] | ISBN 978-389771-440-3

2. überarbeitete Auflage, 2009

Für den hiesigen Kontext einzigartig geht dieser Band auf die kritische Auseinandersetzung mit der Kategorie Weißsein aus einer Schwarzen Perspektive als konzeptionellem Schwerpunkt ein und würdigt damit den enormen und durchaus nachhaltigen Einfluss Schwarzer Menschen und People of Color in Wissenschaft und Kunst, die bereits seit geraumer Zeit mit einem hegemonialkritischen Fokus im Diskurs um Ethnisierung und Rassifizierung arbeiten.

Grada Kilomba

Plantation Memories

Episodes of Everyday Racism

ISBN 978-3-89771-485-4 | 152 S. | 16 EUR [D]

In englischer Sprache

Plantation Memories erforscht Alltagsrassismus in Form einer Sammlung von Geschichten. Es begreift Rassismus als psychologische Realität. Indem Grada Kilomba postkoloniale Theorie, Psychoanalyse und poetisches Erzählen miteinander verbindet, ermöglicht sie eine neue und inspirierende Interpretation von Alltagsrassismus, Erinnerung, Trauma und Dekolonisierung in der Form von Kurzgeschichten.

UNRAST Verlag • Postfach 8020 • 48043 Münster

Tel. (0251) 666293 • Fax. (0251) 666120

www.unrast-verlag.de